DISCUSSION DES PÉTITIONS

POUR

L'ABOLITION COMPLÈTE ET IMMÉDIATE

DE L'ESCLAVAGE

Séances de la Chambre des Députés
des 24 et 26 avril et 7 mai 1847.

Extrait de l'*Abolitioniste français*,
Publié par la Société pour l'**Abolition de l'esclavage.**

La Société doit cette vignette à l'obligeance de M. Wilks.

PARIS
AU BUREAU DU BULLETIN
RUE TARANNE, 12
1847

L'ABOLITIONISTE FRANÇAIS.

DISCUSSIONS PARLEMENTAIRES.

CHAMBRE DES DÉPUTÉS.

Séance du samedi 24 avril 1847.

M. le président. L'ordre du jour appelle les rapports de la commission des pétitions.

La parole est à M. Paul de Gasparin, rapporteur.

M. Paul de Gasparin, rapporteur. Messieurs, des pétitions comptant plus de 11,000 signatures, dans lesquelles on trouve celles de 3 évêques, de 19 vicaires généraux, de 858 curés, vicaires ou prêtres, de 86 présidents de consistoires et pasteurs de l'église réformée, de 7 membres de l'Institut, de 151 conseillers électifs, de 213 magistrats et membres du barreau, de plus de 9,000 électeurs, négociants, propriétaires, ouvriers, ont été déposées sur le bureau de la Chambre.

Venues de Paris, Lyon, Grenoble, la Guadeloupe, Toulouse, Nancy, Versailles, Nîmes, Saint-Quentin, Montauban, Fontainebleau, Castres, Metz, Alby, Calmont, Gebel, Réalmont, Saint-Martin et Laflotte, Vabre et Brassac, Puylaurens, Mazères, Samatan, Uzès, Mens, Saverdun, Saint-Antonin, Strasbourg, Saint-Quentin, la Martinique, ces pétitions réclament l'émancipation des esclaves dans les colonies françaises.

Les pétitionnaires ne croient pas à l'efficacité des

mesures transitoires et préparatoires prises par le gouvernement et les Chambres.

Ils rappellent que, dans les colonies anglaises, on a voulu procéder aussi par mesures préparatoires ; que le refus de concours des colons a annulé l'effet qu'on attendait de ces mesures, et que force a été de rapprocher le terme de l'émancipation. On devait, selon les pétitionnaires, s'attendre à rencontrer les mêmes résistances dans les colonies françaises; et en effet, disent-ils, elles se manifestent sous toutes les formes, soit qu'il s'agisse d'instruction religieuse et élémentaire, soit qu'il s'agisse de l'exécution des lois. Ainsi les intentions du gouvernement et des Chambres sont entièrement méconnues, et les fonds alloués sont consommés en pure perte, sans faire avancer d'un pas l'œuvre préparatoire de l'émancipation.

La question d'opportunité financière n'arrête pas les pétitionnaires; ils voient, dans la suppression des croisières destinées à empêcher les évasions, dans la diminution des forces militaires, dans l'atténuation des dépenses annuelles, qui sont la conséquence forcée de l'esclavage, des compensations importantes, et, en dehors et bien au-dessus de ces compensations, ils voient le devoir impérieux pour la France de faire cesser à tout prix un état de choses odieux et criminel.

En conséquence, les pétitionnaires réclament l'émancipation, sinon immédiate, au moins à très court délai ; ils demandent que le terme de l'esclavage soit dès à présent fixé, afin que d'un côté la mère-patrie, de l'autre les colonies, avisent à remplir les obligations matérielles et morales qui résulteront du fait irrévocablement arrêté.

Cette pétition a attiré d'une manière toute particulière l'examen de votre commission; elle est exprimée dans les termes les plus convenables, remplie des sentiments les plus généreux; elle traite la question qu'elle soumet à la Chambre à un point de vue élevé, et excitera, nous n'en doutons pas, vos sympathies.

Toutefois votre commission, en adhérant aux sentiments des pétitionnaires, avait un devoir à remplir; elle ne pouvait admettre *à priori* les craintes exprimées dans le présent et l'avenir sur l'exécution des lois; elle ne pouvait oublier que si, dans l'œuvre de l'émancipation en Angleterre, les mesures préparatoires avaient été brusquement interrompues, le mouvement de l'opinion publique y avait contribué aussi puissamment que le défaut de concours des colonies; elle ne pouvait oublier surtout, ce qui est douloureux à exprimer, que, quelque juste, quelque saint que soit un devoir, il faut les moyens matériels de l'accomplir, et que notre situation financière nous impose de grands ménagements.

C'est dans ces sentiments, et avec cette mesure, qu'elle a cherché à apprécier les pétitions soumises à la Chambre.

Et d'abord, elle ne peut admettre que la question de l'abolition de l'esclavage soit restée absolument stationnaire. En établissant les conditions du rachat forcé, en limitant les châtiments corporels, en rendant le caractère de personnes civiles aux esclaves qui étaient, suivant les circonstances, meubles ou immeubles, la loi de 1845 a amélioré la condition serviles

En rendant obligatoire l'instruction élémentaire et religieuse des noirs, en provoquant l'organisation du travail libre, elle a fait un pas réel vers l'émancipation.

Ce double caractère des lois de 1845 et des lois de finances antérieures qui ont alloué des fonds avec destination spéciale ne doit être méconnu par personne.

Les mesures destinées à améliorer la condition servile, mais qui n'impliquent pas l'abolition de l'esclavage, et les mesures plus spécialement destinées à préparer l'émancipation, sont également essentielles dans l'exécution, puisqu'elles sont écrites les unes et les autres dans la loi; mais les plus importantes, au point de vue moral et politique, sont, sans contredit, les mesures préparatoires à l'émancipation; c'est là le nerf de la loi. Le gouvernement, les Chambres, le pays et les colonies surtout, ne doivent jamais oublier ce caractère, cette destination des lois de 1845.

C'est à ce double point de vue que votre commission s'est occupée, avec un soin scrupuleux, de rechercher, soit auprès du gouvernement, soit dans les documents authentiques, quelles avaient été les conséquences des lois de 1845 et des lois de finances antérieures qui ont alloué des fonds pour l'instruction religieuse et élémentaire des esclaves.

Une première réflexion a frappé votre commission.

Les lois de 1845 sont encore bien récentes, et les modifications profondes que comporte leur exécution ne sont pas l'œuvre d'un jour; toutefois, si récentes qu'elles soient, il est utile d'apprécier les commencements d'exécution; car, ainsi que l'a si justement dit le rapporteur de la loi du 18 juillet 1845, en pareille matière l'exécution importe plus encore que le texte lui-même.

La loi du 18 juillet 1845 ne pouvait fonctionner complétement dans tous ses détails qu'au moyen d'ordonnances royales et de décrets coloniaux. Les ordonnances royales rendues sur la proposition de M. le ministre de la marine rentrent dans l'esprit de la loi et la fortifient. Nous y avons vu notamment avec plaisir la suppression des châtiments corporels pour les femmes, et l'intention généreuse d'étendre cette mesure à tous les esclaves; mais il reste à statuer sur deux points importants :

1° Sur le mariage des personnes non libres et sur tous ses effets;

2° Sur le mode de conservation et d'emploi des meubles et valeurs appartenant aux esclaves mineurs.

Votre commission ne doute pas que M. le ministre n'explique d'une manière satisfaisante le retard apporté à la promulgation de ces ordonnances. Quoi qu'il en soit, votre commission devait signaler les points qui n'avaient pas encore reçu de solution, pour expliquer à la Chambre pourquoi ces points échappaient à son examen.

Quant aux décrets coloniaux, préparés par les soins du ministre de la marine, ils ont été soumis aux conseils coloniaux; nous le disons à regret, sauf de rares exceptions, ils ont été modifiés dans un sens opposé à l'esprit de la loi et des ordonnances : le gouvernement a rencontré dans les conseils coloniaux, non pas un refus de concours, mais un concours équivoque.

Indépendamment des décrets, la loi et les ordonnances subsistent, et doivent être appliquées dans leurs dispositions. Il n'appartenait pas à votre commission d'analyser les décisions judiciaires, mais elle soumettra une observation à la Chambre. Les cours d'assises sont formées de quatre juges et de trois assesseurs. Que se passe-t-il fréquemment aux colonies? Des crimes, dont le jugement est attribué par les lois aux cours d'assises, sont déférés à la cour jugeant correctionnellement; quelle est la raison de ce fait si grave? C'est que le ministère public est obligé d'intervertir les juridictions pour éviter des acquittements presque certains. Devant les cours, il obtient peu de chose, trop souvent des condamnations à un minimum de peine pour un crime artificiellement transformé en délit; mais enfin il a chance d'obtenir une condamnation quelconque. Dans les cours d'assises, il faut cinq voix pour faire condamnation : il n'y a que quatre juges, et il y a trois assesseurs.

Votre commission pense, et elle a la confiance d'être en cela d'accord avec le gouvernement, qu'il eût mieux valu ne pas altérer le principe des juridictions; le scandale même des acquittements provoquerait l'attention du gouvernement et des Chambres, et les mesures propres à assurer l'exécution des lois seraient prises sans hésitation.

Sans doute il est trop absolu de dire : point de justice aux colonies dans les affaires de maître à esclave; mais M. le ministre de la marine a reconnu lui-même qu'on ne pouvait pas compter, dans les affaires de maître à esclave, sur le concours des assesseurs, et votre commission n'a pu s'empêcher de reconnaître que le contact des intérêts coloniaux pouvait influer d'une manière fâcheuse sur la sévérité d'une partie de la magistrature. Si donc on ne peut dire avec les pétitionnaires : Point de justice aux colonies; on est obligé à dire : Justice incomplète aux colonies.

Votre commission a vu avec plaisir que le rachat volontaire et forcé s'était développé d'une manière sensible; mais, en comparant le chiffre des rachats avec le chiffre de la population esclave, elle reste convaincue que le rachat est une amélioration importante de la constitution servile, mais est impuissant à faire cesser l'esclavage, ce que l'expérience des colonies espagnoles prouve, du reste, surabondamment. Aussi, tout en constatant avec satisfaction des affranchissements plus nombreux, et en désirant le développement de ce moyen d'arriver à la liberté, elle ne compte pas plus que les pétitionnaires sur le rachat pour arriver à l'émancipation. La commission est convaincue que le gouvernement veillera scrupuleusement à ce que la composition des commissions de rachat soit de nature à écarter tout soupçon sur le chiffre des évaluations.

L'instruction élémentaire et religieuse des esclaves est déjà une mesure d'un caractère différent : c'est une mesure préparatoire à l'émancipation.

Le développement de cette instruction a dû, par conséquent, attirer d'une manière particulière l'attention de votre commission.

Votre commission le dit avec regret, bien que les allocations législatives datent de 1839, les effets produits sont bien minimes. Le personnel du clergé a été augmenté; quelques écoles, quelques édifices du culte ont été construits. Les enfants esclaves n'ont pas reçu d'instruction élémentaire; et si une certaine partie de la population esclave, surtout dans les villes, a assisté aux exercices religieux, il est permis de douter qu'en l'absence d'instruction élémentaire, les enfants esclaves aient reçu une instruction religieuse solide. Il y aurait pourtant injustice à ne pas louer les efforts des frères de Ploërmel pour se maintenir à la hauteur de la mission qu'ils ont acceptée.

L'organisation du travail libre est essentiellement une mesure préparatoire à l'émancipation. Votre commission le dit encore à regret, il n'a rien été accompli de sérieux, et les fonds alloués par les Chambres sont restés à proprement parler sans emploi.

En résumé, l'exécution des mesures destinées à améliorer la condition servile est commencée. Le gouvernement rencontre, comme il devait s'y attendre, des résistances de plus d'un genre; mais votre commission n'a pu admettre qu'il restât impuissant et désarmé pour obtenir l'exécution des lois : elle n'a pas pensé qu'il dépendît de la mauvaise volonté d'une partie des colons de rendre inefficaces les mesures proposées par le gouvernement et votées par les Chambres; elle croit que le gouvernement trouvera dans le concours moral, au besoin dans le concours législatif des Chambres, dans ses propres sentiments, dans sa propre volonté, si fréquemment et si noblement exprimée à cette tribune, les moyens de rendre les lois efficaces dans leur lettre et dans leur esprit;

elle est convaincue que, dans le choix des agents d'exécution, sa conduite ferme et persévérante contribuera puissamment à atteindre ce but.

Quant aux mesures destinées plus spécialement à préparer l'émancipation totale des esclaves, elles n'ont pas produit encore d'effet appréciable ; mais votre commission reconnaît qu'elles exigent un peu de temps pour leur entier développement; elle ne doute pas que le gouvernement ne hâte ce développement par tous les moyens dont il dispose, pour arriver au but que M. le ministre des affaires étrangères proclamait très haut à la tribune, dans la séance du 4 mai 1844, afin que personne n'en doutât, ni dans les colonies ni dans la métropole, à savoir : l'abolition de l'esclavage dans nos colonies.

Le gouvernement aura à examiner si la constitution même de la propriété aux colonies n'est pas un des principaux obstacles au concours des colons. S'il en était ainsi, il ne devrait plus hésiter à proposer aux Chambres la loi sur l'expropriation forcée aux colonies, déjà apportée une fois dans cette enceinte, et depuis longtemps préparée au ministère de la marine.

Mais si votre commission n'admet pas, dans leurs termes absolus, les appréhensions et les conclusions des pétitionnaires, si elle n'admet pas que les lois préparatoires à l'émancipation puissent être une lettre morte en présence de la volonté énergique du gouvernement et des Chambres, elle n'a pas oublié que ces lois sont des lois préparatoires et transitoires ; que la transition, que la préparation devront avoir un terme, et qu'un des devoirs les plus essentiels du gouvernement est de prévoir ce terme, et de venir nous apporter en temps utile la loi qui doit le fixer et régler les conditions de l'émancipation.

Par ces différents motifs, votre commission vous propose le renvoi des pétitions à M. le président du conseil et à M. le ministre de la marine. (Adhésion sur tous les bancs.)

M. Odilon Barrot. M. le rapporteur n'a pas donné d'explications sur l'émancipation des esclaves domaniaux.

M. le Rapporteur. La commission n'est pas entrée dans ce détail. La mesure est en cours d'exécution.

M. le Président. La parole est à M. Jollivet.

M. Jollivet, député de la ville de Rennes et délégué salarié des colons, fait un discours contre les conclusions du rapport.

M. le Président. La parole est à M. Jules de Lasteyrie.

M. Lherbette. Un mot d'explication pour un fait personnel.

Tout à l'heure, lorsque l'honorable délégué des colonies était à la tribune...

M. Jollivet. Je ne suis pas ici délégué des colonies; je suis député, comme vous.

M. Lherbette. Je ne croyais pas que lorsqu'on accepte une qualité, on puisse être blessé de se l'entendre rappeler.

M. Jollivet. Je ne suis pas blessé, monsieur, de cette qualité. Je suis le représentant électif d'une colonie, et je m'honore du mandat qu'elle m'a confié ; mais ce n'était pas le délégué qui parlait à cette tribune, c'était le député qui usait de son droit.

Je suis convaincu que notre collègue regrettera de l'avoir méconnu.

M. le Président. Il n'y a pas ici de délégué, mais des députés.

M. Lherbette. Il serait fort à désirer pour les colonies qu'elles pussent trouver pour les défendre des voix qui ne fussent pas salariées[1]. (Adhésion à gauche.)

Je ne voudrais pas que cette expression blessât notre collègue; mais, en acceptant un salaire, il remplit des fonctions que je suis loin de vouloir entacher; mais je dois répéter que, dans l'intérêt des colonies, il serait à désirer qu'elles pussent trouver des voix libres et non salariées pour défendre leur cause. Et j'ajoute que ce serait aussi à désirer pour la dignité de la Chambre. Tous, tant que nous sommes ici, quand nous parlons, il faut que l'on soit certain que nos paroles ne sont dictées que par l'intérêt public; il serait très fâcheux qu'on pût nous soupçonner d'être animés par un autre motif.

M. Jollivet. Vous êtes, je crois, incapable de m'en soupçonner, et je ne souffrirais l'expression d'une pensée blessante ni de vous ni de personne.

M. Lherbette. Je sais que depuis longtemps les colons désirent avoir des députés, des représentants directs dans cette Chambre. Mais je leur dirai : « Avant de réclamer pour vous les droits de citoyen, respectez dans autrui les droits de l'homme ; vous n'avez pas le droit de réclamer les garanties politiques quand vous

(1) M. Jollivet reçoit 25,000 francs par an comme délégué des possesseurs d'esclaves.

ne respectez pas les droits de l'humanité, tant que l'esclavage subsistera...

M. le Président. Vous rentrez dans la discussion ; vous n'avez pas le droit d'enlever la parole à celui à qui elle appartient pour l'avoir réclamée avant vous.

M. Lherbette. Mais c'est un incident. Permettez, monsieur le président : la direction des débats appartient sans doute au président, mais cette direction ne consiste pas seulement à donner des numéros d'ordre, il faut aussi laisser chacun exprimer sa pensée.

M. le Président. La raison aussi bien que le règlement veut que le président dirige les débats : or, si on prend la parole sans son approbation, il ne lui est pas possible de les diriger. Vous avez demandé la parole, vous l'avez eue, vous avez expliqué votre pensée.

M. Lherbette. Je n'en ai pas encore dit un mot (Rirés); j'ai été interrompu au premier instant...

M. le Président. Vous avez demandé la parole pour un fait personnel ; il n'y a rien de personnel dans ce que la Chambre vient d'entendre, c'est évident pour tout le monde : j'ai donc le droit de vous demander de laisser parler M. Jules de Lasteyrie, qui est à la tribune. Il est dans son droit, il a demandé à répondre à celui qui vient d'en descendre ; vous ne pouvez pas vous y opposer. Je crois que je suis dans mon droit en réclamant la parole pour M. Jules de Lasteyrie.

M. Lherbette. Je vais la lui laisser, puisque vous le désirez ; mais je n'ai pas expliqué ma pensée, je l'expliquerai après.

M. Jules de Lasteyrie. Messieurs, la Chambre me

permettra de ne pas répondre aux citations faites par l'honorable M. Jollivet. En vérité, j'ai été surpris de voir, en entendant ces citations, que par la manière dont elles étaient produites, les partisans les plus dévoués de l'abolition de l'esclavage vous étaient présentés comme des partisans de l'esclavage; évidemment ni M. le duc de Broglie, ni M. Agénor de Gasparin, ni M. le ministre des affaires étrangères, ni M. Victor Schœlcher ne sont des partisans de l'esclavage; et quand on prend quelques phrases dans un écrit, et qu'on produit ces phrases avec des commentaires, il est certain qu'on en altère et torture le véritable sens, et qu'on fait parler des hommes honorables comme ils n'ont pas voulu parler. J'en tire seulement cette conclusion : c'est qu'après avoir présenté les honorables personnes que je viens de nommer comme partisans de l'esclavage, on est mal fondé à se déclarer soi-même partisan de l'émancipation.

Lorsque tout à l'heure M. Jollivet disait qu'il fallait avant tout établir le travail libre dans les colonies, qu'il n'était pas permis de songer à l'émancipation avant d'avoir établi le travail libre, je me suis demandé qui donc s'est refusé à cet établissement? Est-ce nous? Ce sont les colonies; c'est la Martinique en particulier. Vous allez voir pourquoi les ateliers de travail libre devaient être placés sur les habitations domaniales. Pour que ces habitations fussent affectées à cet usage, il fallait qu'on pût en disposer et qu'on libérât les esclaves du domaine, comme le ministre en avait pris l'engagement. Eh bien! les colonies se sont opposées autant qu'elles ont pu à toute mesure de ce genre. Ce sont elles qui ont retardé par leur résistance la constitution des ateliers de travail libre destinés à la répression du vagabondage ; et l'on vient nous dire qu'avant d'abolir l'esclavage, il faut que les ateliers de travail libre fonctionnent, en même temps que l'on s'oppose à leur création.

Je suis donc fondé à dire que c'est là une fantasmagorie; qu'il faut arriver à la vérité, au réel des choses; or, voici le vrai des choses. Je viens d'établir par ce seul fait la question des habitations domaniales, les résistances que le gouvernement avait rencontrées lorsqu'il agissait dans l'intérêt matériel des colons.

Combien, à plus forte raison, quand il s'agit de mesures qui conduisent directement à l'émancipation, on doit rencontrer d'obstacles, puisque, dans des mesures simplement d'ordre et de prévoyance, pour peu qu'elles touchent de près ou de loin à la liberté, on est entravé à chaque pas! C'est ce qui est arrivé dans l'exécution de la loi de 1845. Prêt à justifier chacune de mes assertions si elles étaient attaquées, je déclare qu'il n'y a aucun article de la loi de 1845 qui ait été complétement exécuté.

La Chambre a voté, depuis 1839, je prends cet exemple, des fonds pour l'éducation élémentaire et religieuse des esclaves ; il n'y a là certes rien d'agressif contre les maîtres, rien qui puisse inspirer des ombrages légitimes aux colons; au contraire, on leur proposait de préparer les esclaves à la liberté en leur apprenant la religion qui élève l'âme, en leur donnant l'instruction pour en faire des citoyens.

Messieurs, 3,900,000 fr. ont été dépensés pour cet

usage, et, je le répète, je n'en fais pas de reproche au gouvernement, je sais qu'il a fait tout ce qu'il pouvait faire ; eh bien ! douze esclaves ont reçu l'instruction primaire pour 3,900,000 fr. !

Je le sais, avant la loi du 18 juillet 1845, il n'y avait pas de clauses pénales qui obligeassent les maîtres à envoyer leurs esclaves aux écoles ; mais aussi je sais que, quand une école destinée à l'éducation des enfants esclaves, construite avec des fonds votés pour cet objet par la Chambre, a été achevée dans une de nos colonies, le maire de la principale ville de cette colonie a pris un arrêté défendant à l'instituteur de recevoir aucun enfant esclave !

Il y a eu dans ce genre-là une multitude de faits ; je ne veux pas en fatiguer la Chambre ; mais quand on lit le rapport même présenté au roi par M. le ministre de la marine, on demeure convaincu que jusque aujourd'hui il n'a encore pu rien faire, qu'il rencontre sur ce point des difficultés infinies ; et pour l'avenir on ne peut avoir que des espérances démenties par le passé.

Il en est de même pour les mariages, pour les habitations où les sexes demeurent confondus, pour tout ce que vous avez voulu faire, tout ce que vous avez désiré faire... J'insiste sur ces faits, car ce ne sont pas de ceux qui sont provoquants, qui paraissent destructifs au premier abord de l'esclavage ; pour ceux qui n'ont pas l'idée de ce qu'est la société servile, l'esclavage c'est l'abrutissement de l'homme. Tout ce qui moralise le cœur, élève l'intelligence, est ce qu'il y a de plus hostile à l'esclavage, est ce qui rencontre dans les colonies la plus violente opposition. (Très bien!)

Si de ces faits moraux, réglés par ordonnances, je passe à ceux d'un intérêt plus matériel, réglés par les décrets coloniaux, je vois que, pour presque tous les articles de la loi de 1845, qui ont besoin pour leur application des décrets votés par les conseils coloniaux, les décrets sont rédigés dans un esprit complétement hostile à la loi, complétement hostile à tous progrès, et tels que M. le ministre de la marine, j'en suis certain, ne pourra pas sanctionner la plupart d'entre eux. Voici quelle est la situation de la loi que vous avez faite il y a deux ans.

En voulez-vous une preuve? Je la prendrai seulement dans deux décrets du conseil colonial de la Martinique. Comme M. Jollivet l'a dit, le rachat forcé et le pécule sont les deux conditions importantes de la loi de 1845, non pas le nerf. J'admets absolument le principe posé par M. de Gasparin. Ce qu'il y a de plus important, selon nous, dans cette loi, ce sont les mesures générales, préparatoires de la liberté; il est évident que le pécule et le rachat forcé sont une très grande chose pour nous, comme, pour quelques-uns, ils sont toute la loi de 1845.

Vous savez que dans nos colonies il était d'usage d'accorder à l'esclave un jour par semaine, qui était à sa disposition, et que, jouissant de ce jour et d'une portion de terrain, l'esclave pouvait travailler, se nourrir, amasser un pécule, se racheter. Telle est la théorie du rachat forcé, qui commence à la concession du samedi et du terrain, et aboutit à la libération.

Le conseil colonial de la Martinique a imaginé un

expédient très simple : il devait, par un décret, déterminer quelle serait la quantité de terrain à donner à l'esclave ; il a fixé une quantité telle que non-seulement elle ne pût suffire pour former un pécule, mais encore telle que l'esclave ne pût en tirer profit, ni pour se racheter, ni même pour vivre. Par ce fait seul le pécule, le rachat forcé, prévus par la loi de 1845, ont été abolis.

Dans les colonies anglaises, avant l'émancipation, on a donné aux esclaves (et je remercie extrêmement M. le ministre de la marine de nous avoir fait connaître ces faits en même temps que son rapport au roi ; il a fait là preuve de véritable impartialité) ; dans les colonies anglaises, on donnait à l'esclave un demi-acre de terre ; le demi-acre de terre est, je crois, de 27 à 28 ares.

Plusieurs voix. De 20 ares.

M. Jules de Lasteyrie. N'importe ; nous sommes loin de compte.

En 1803, à la Guadeloupe, l'ordonnance de l'amiral Lacrosse donnait 8 ares.

Par le décret de la Martinique on donne, dans certains cas, 6 ares, dans d'autres 3 ares, pour subvenir à la nourriture de l'esclave et de ses enfants au-dessous de huit ans, et on lui dit : « Avec du travail et de l'économie amassez un pécule, et le rachat est à votre disposition. » (Mouvement.)

Pour les enfants de huit ans à quatorze ans, on leur donne, pour pourvoir à leur nourriture, la sixième partie de ce qu'on accorde aux adultes, c'est-à-dire un demi-are, 10 mètres de long sur 5 mètres de large

Il faut que là-dessus ils se nourrissent, ils amassent un pécule ; puis on leur dit que le rachat forcé est à leur disposition. (Mouvement prolongé.)

Voici un autre décret.

La loi a fixé la limite du travail ordinaire de l'esclave ; il doit à son maître de six heures à six heures, avec un intervalle de temps pour le repos.

M. le ministre de la marine, dans un projet de décret, avait produit un article dans lequel il établissait que la coupe des herbes et du fourrage pour les bestiaux serait prise sur les heures de travail et non sur celles du repos, et que les gardes de nuit nécessaires seraient compensées par un repos dans la journée suivante.

Le conseil colonial de la Martinique n'use pas de si grands scrupules avec la loi, il raye les deux articles du projet du ministre, et il dit : « Dans chaque localité les maires règleront tout ce qui concerne la coupe des herbes pour les bestiaux et les gardes de nuit, suivant les anciens usages reçus. » Vous voyez encore là le progrès.

Enfin, si on examinait tous ces décrets, on trouverait à chaque pas des faits semblables ; il y a très peu d'articles qui ne soient la contradiction des articles du projet de décret envoyé par M. le ministre de la marine. Je n'approuve pas tous ces articles; mais il y a entre le projet du ministre et les décrets votés par les conseils coloniaux de telles différences, qu'en vérité je ne puis avoir le courage d'adresser des reproches à M. le ministre.

Pour vous montrer, messieurs, si la loi est exécutée,

il suffira de vous lire quelques passages de l'adresse du conseil colonial de la Martinique : « Monsieur le gouverneur, la loi du 18 juillet 1845, telle qu'elle a été promulguée l'année dernière, a reçu sans secousses générales son exécution ; mais, on ne peut se le dissimuler, cette exécution n'a encore eu lieu que dans celles de ses dispositions qui ont eu pour but de faire passer dans le droit ce que la philanthropie véritable des colons avait déja consacré en fait depuis un temps immémorial. »

Ainsi, pour toutes les autres dispositions, la loi n'est pas exécutée.

Oui, il y a eu quelques rachats à l'aide de pécules, mais à l'aide de pécules accumulés depuis vingt ans.

Aujourd'hui, avec les mesures qui sont prises, avec la suspicion des maîtres, les décrets coloniaux tels que nous les connaissons, il n'y a plus possibilité d'amasser de pécule ; et en détruisant le pécule on a paralysé la loi.

La fin de l'adresse est ainsi conçue : « En face d'un pareil avenir, monsieur le gouverneur, nous ne déserterons pas notre poste ; nous prêterons, autant qu'il nous sera possible, notre concours à votre administration, pour assurer les besoins du service, et nous attendrons avec anxiété les conséquences funestes de la loi contre lesquelles le pays tout entier ne peut manquer de protester lui-même. »

Il y avait une chose bien simple à faire pour que le pays parût protester, c'était d'y semer l'inquiétude et l'agitation ; cela est arrivé jusqu'à un certain point. On a fait deux choses qui pouvaient conduire à ce résultat : la première était de dissimuler la loi aux esclaves, afin de ne pas être obligé de régler la durée du travail suivant la loi, ce qui a jeté quelque agitation dans les ateliers; la seconde était de manifester des craintes exagérées, chimériques; quelquefois les gouverneurs les ont réprimées par des paroles sévères, mais quelquefois il les ont écoutées avec trop de complaisance.

Voici, messieurs, deux points incontestables dans toutes les parties de la loi qui appartenaient à l'ordonnance, qui devaient être réglementés par l'ordonnance.

On a rencontré de très mauvaises dispositions dans l'application; l'application en a été à quelques égards stérile; elle pourra peut-être être améliorée : je crois que des efforts persévérants peuvent la faire améliorer; mais, pour toutes les parties de la loi qui avaient besoin pour leur application des décrets coloniaux, la résistance opiniâtre de ces conseils coloniaux les a rendues complétement, absolument stériles.

Quant à moi, je ne crois pas qu'il puisse y avoir dans les colonies ni calme ni ordre solide, ni progrès sincère, tant qu'on n'aura pas modifié les attributions des conseils coloniaux, tant qu'on ne se sera pas arrangé pour qu'à toutes les difficultés, déjà si considérables, inhérentes à la nature des choses, ne vienne se joindre une autre difficulté, l'embarras politique. C'est assez de l'abolition, c'est assez que de faire passer une société du régime de l'esclavage au régime de la liberté, sans que nous soyons gênés dans notre œuvre par des entraves de cette nature.

Il faut aussi que la composition des conseils coloniaux soit rendue loyale et sincère ; elle ne le sera que lorsque les électeurs seront des propriétaires sérieux, et ils ne seront réellement propriétaires que lorsque vous aurez appliqué la loi sur l'expropriation forcée aux Antilles.

Mais, messieurs, je laisse toutes ces questions, si considérables qu'elles puissent être, pour occuper la Chambre d'un point qui, selon moi, domine tous les autres points, et sur lequel il ne peut pas y avoir deux opinions entre honnêtes gens; je veux parler de la justice dans les colonies, ou, pour mieux dire, dela justice qui n'existe pas dans les colonies.

Messieurs, la Chambre des pairs et le gouvernement, le gouvernement mieux instruit que la Chambre des pairs, avaient été frappés, en 1845, du grand nombre des acquittements scandaleux et des condamnations plus scandaleuses encore, parce qu'elles ne permettaient pas de supposer l'innocence, et qu'elles présentaient une disproportion monstrueuse entre l'énormité des crimes et l'exiguïté des peines.

M. de Lamartine. Très bien!

M. Jules de Lasteyrie. Le gouvernement proposa donc de changer la composition des cours d'assises aux colonies dans toutes les affaires où il s'agirait des sévices d'un maître envers un esclave. Les cours d'assises dans les colonies, messieurs, étaient composées autrefois de trois conseillers pris parmi les membres de la cour royale, et de quatre assesseurs pris parmi les éligibles au conseil colonial.

Cette institution n'a aucun rapport avec celle du jury ; les assesseurs jugent à la fois le point de droit et le point de fait. Ce n'est pas le jugement par les pairs; car, si le maître est jugé par ses pairs, l'adversaire, la victime est un esclave, et n'a dans la composition du tribunal aucune garantie.

La Chambre des pairs crut qu'il valait mieux ne pas aller aussi loin que le gouvernement le proposait, et qu'il suffisait de modifier le système des assesseurs. Elle ordonna donc, dans un article de la loi de 1845, que désormais les cours d'assises seraient composées de quatre conseillers et de trois assesseurs; elle renversa la proportion anciennement existante entre les assesseurs et les conseillers.

La commission de la Chambre des députés accepta cette amélioration; mais, dans son rapport, elle me chargea d'exprimer toutes ses craintes, qui étaient fondées sur ce fait : il faut cinq voix pour la condamnation; le nombre des assesseurs est de trois sur sept, et ainsi, si les assesseurs s'entendaient systématiquement pour acquitter le coupable, il n'y aurait pas de condamnation, pas de justice possible dans les colonies.

Messieurs, c'est ce qui est arrivé, pour tous les crimes de sévices commis dans les colonies, depuis la loi de 1845... Or, messieurs, les sévices ont été nombreux depuis cette loi; l'irritation même qu'elle a causée à certains maîtres a augmenté chez eux, chez le petit nombre d'hommes cruels qui existent aux colonies, la violence et la cruauté; la crainte de cette transformation sociale, qui peut porter du trouble dans les fortunes, a fait aussi qu'on a essayé de tirer des hommes et des choses plus qu'on n'en pouvait tirer, de telle façon que la situation de nos colonies, sous ce rapport, est maintenant peut-être empirée depuis 1845.

Eh bien! tous les sévices, tous les crimes, et on appelle sévices, que la Chambre me permette de le lui dire, on appelle sévices le meurtre et l'assassinat commis contre un esclave, et c'est grand dommage que dans la société de l'esclavage on n'appelle pas les crimes par leur nom, car on les connaîtrait mieux; le meurtre et l'assassinat se nomment simplement sévices. Eh bien! sur les cas de sévices, en petit nombre, il est vrai, qui ont été portés, j'expliquerai dans un instant pourquoi, devant la cour d'assises de la Guyane, de la Guadeloupe et de la Martinique, combien croyez-vous qu'il y ait eu de condamnations? combien? Une seule, une seule à la Guadeloupe.

Et qu'on ne dise pas que les faits étaient peu considérables; si on pouvait le soutenir, si on osait le soutenir, je rappellerais à la Chambre que, l'année dernière, mon honorable ami, M. Ternaux-Compans, entrant dans les détails de ces faits atroces, de ces acquittements scandaleux, M. le ministre de la marine, avec un sentiment qui l'honore, l'a prié de ne pas les divulguer à la Chambre, par ménagement pour la justice française, pour qu'on ne connaisse pas dans le monde, par la publicité de ces débats, toute l'étendue de l'injustice des tribunaux coloniaux.

Messieurs, les gouverneurs de nos colonies sont obligés de faire racheter des esclaves victimes de sévices et dont le maître est acquitté par la cour d'assises. On lit dans le tableau du rachat pour la Guyane, à la première ligne : « Une telle, blessée d'un coup de fusil par son maître ; le maître a été acquitté par la cour d'assises. Signé le procureur général de la colonie. »

Au surplus, M. le ministre de la marine a déclaré ici, l'année dernière, qu'il userait du pouvoir arbitraire des gouverneurs pour faire expulser d'une de nos colonies les hommes déclarés innocents par les tribunaux ! Et ce n'est pas un seul fait que nous avons à déplorer ; M. le ministre de la marine le dit dans son rapport : « Un acquittement scandaleux, étayé de plusieurs autres. »

Dans toutes les colonies, les magistrats du parquet, dont on aurait lieu de se plaindre, dont je me plaindrai moi-même, ont renversé l'ordre des juridictions ; ils ont, si je puis m'exprimer ainsi, correctionnalisé les crimes, afin que les maîtres coupables fussent punis d'une manière quelconque ; pour le meurtre et pour l'assassinat, ils les ont traduits devant la police correctionnelle.

Quand une situation est telle que celle-là, quand il ne s'agit pas d'un principe général, théorique, qui ne pourrait pas avoir une application pratique, immédiate ; quand, dis-je, une situation est telle ; quand le gouvernement convient qu'il y a des crimes impunis ; quand, au mépris de la chose jugée, et en vertu du pouvoir arbitraire du gouverneur, on est contraint d'exiler des hommes déclarés innocents par les tribunaux ; quand les chefs de la justice sont obligés, dans les colonies, d'intervertir l'ordre des juridictions pour que les crimes ne restent pas sans aucune répression, on ne peut temporiser davantage. Je demande à M. le ministre de la marine de vouloir bien reprendre l'article du projet de loi qu'il avait présenté il y a deux ans à la Chambre des pairs, pour dégager, qu'il me soit permis de m'exprimer ainsi, la justice française de ces assesseurs, de ce faux jury, de ces juges partiaux, de ces maîtres jugeant des maîtres coupables de sévices, et qui acquittent toujours le meurtrier de leurs esclaves. (Mouvement.) Non pas que ces assesseurs soient capables de commettre les crimes qu'ils innocentent; mais l'esprit de parti est plus fort chez eux que le sentiment de la justice; ils veulent avant tout soutenir le pouvoir dominical, même jusqu'au crime : c'est ainsi que, dans les colonies, tous les honnêtes gens commettent des actes infâmes. (Mouvement.) Ce n'est pas tout. Je rappellerai au gouvernement que, pour assurer une bonne justice dans les colonies, il devra veiller à la composition de la magistrature coloniale.

En 1845, d'après les notes officielles qui furent remises à la commission dont j'avais l'honneur d'être le rapporteur par M. le ministre de la marine lui-même, il y avait dans les colonies, sur 138 magistrats, 60 créoles possesseurs d'esclaves, 18 métropolitains, mariés à des créoles, possesseurs d'esclaves, et 60 métropolitains seulement, dont quelques-uns étaient possesseurs d'habitations.

Dans la métropole, les règles rigides garantissent l'impartialité du magistrat et honorent la magistrature en même temps qu'elles la soutiennent; dans les colonies, c'est le contraire. Dans les colonies, le magistrat, entre ses préjugés et sa conscience, est placé entre son intérêt et son devoir ; le propriétaire d'esclaves est en même temps le magistrat ; et le caractère de propriétaire d'esclaves domine celui du magistrat.

Je sais bien, je ne veux calomnier personne, je sais bien qu'il y a quelques exceptions honorables, très honorables ; il y a, dans les colonies, comme partout, des hommes qui se placent au-dessus de leur intérêt ; mais dans les colonies, comme partout, le nombre en est petit ; pour le vulgaire des hommes, l'intérêt fait la première loi, et je n'ai pas de confiance, en général, dans les patrons d'esclaves qui sont propriétaires d'esclaves.

M. le ministre a fait quelques bons choix, quelques choix qui honorent lui et la magistrature coloniale ; mais, en général, qu'a-t-il fait ? Sur 36 avancements qui ont eu lieu dans le ressort des cours royales de la Martinique et de la Guadeloupe depuis la loi de 1845, il y a eu 21 avancements de propriétaires d'esclaves, et 15 seulement de juges indépendants, indépendants par leur position ; sur ces 15, il y en avait qui étaient possédés d'une ardeur de néophytes pour les passions créoles, qui avaient adopté tous les préjugés de l'esclavage ; ces parvenus du mal sont les pires de tous.

Enfin, messieurs, il y avait huit juges de paix nouveaux que vous aviez institués par la loi de 1845, comme patrons des esclaves. Eh bien ! une partie des juges de paix nommés sont des propriétaires d'esclaves, ils sont possesseurs d'habitations sur les lieux mêmes où s'exerce leur justice de paix !

Tels sont les patrons des esclaves.

Enfin, vous avez une cour royale, une cour royale qui possède 1,200 esclaves à elle seule; la colonie n'en compte que 14,000, c'est-à-dire que cette cour royale a le onzième de la population servile de la colonie. Ce sont les patrons des esclaves qui sont les plus intéressés au maintien de l'esclavage; et cette cour royale vous aurait déjà donné sans doute bien des exemples fâcheux, si, à côté d'elle, il ne se trouvait un homme digne de tout éloge, un procureur général, possesseur d'esclaves lui-même, M. Vidal de Lingende. (Assentiment sur plusieurs bancs.) Je ne puis m'empêcher, si j'ai dû blâmer sévèrement ceux qui subissent les préjugés de leur éducation, d'admirer ceux qui s'élèvent noblement au-dessus de ces préjugés, et qui donnent à tous, aux métropolitains comme aux créoles, les plus beaux exemples. (Très bien ! très bien !)

Je demande à la Chambre de me permettre de lui citer un seul fait, pour lui donner une idée du vice de la composition de la magistrature.

Voici quelles sont les conclusions du rapport d'un juge d'instruction, homme indépendant, loyal, ami de son devoir, dans une affaire où la condamnation a été de quinze jours de prison pour l'un des accusés et d'un mois pour l'autre :

« Par ces motifs, nous pensons qu'il y a charges suffisantes.

« En ce qui touche les sieurs... (Je passe les noms.)

« 1° D'avoir, fin de 1843, amarré l'esclave Geneviève, âgée de soixante-dix ans, et Jean-Baptiste, son fils, sur un mulet mort, et de leur avoir ainsi infligé, à l'un et à l'autre, devant tout l'atelier, à genoux, un quatre-piquets, avec déchirure des chairs et effusion de sang, Geneviève ayant même eu une veine coupée. (Mouvement.)

« 2° D'avoir détenu pendant trois mois ces deux esclaves dans un réduit obscur du grenier de la maison principale, d'un mètre et demi de large sur trois mètres de long, le pied dans une *jambière* en fer, élevée à 14 centimètres du plancher, Jean-Baptiste contraint, pendant tout le cours de sa détention, et ensuite plusieurs mois encore, d'aller au travail de la culture, nonobstant une chaîne à la ceinture et des anneaux de fer aux pieds.

« En ce qui touche le géreur... personnellement :

« 3° D'avoir, fin de 1844, porté des coups de rigoise[1], avec le manche, sur la tête, et des coups de pied dans l'estomac à l'esclave Jean-Louis, affaibli par l'âge, les privations et les maladies, lequel, obligé d'aller à l'hôpital, est mort le 20 mars 1845 ;

« 4° D'avoir, vers la même époque, renversé à terre, à coups de bâton, Jean-Philippe, d'un âge déjà avancé et atteint alors d'une hernie, et donné des coups de pied dans le ventre à cet esclave, qui, obligé d'aller à l'hôpital, est mort le 1er juillet 1845. » (Mouvement général d'indignation.)

Ils ont été condamnés à quinze jours de prison, messieurs ! (Exclamations.)

Je continue :

« 5° D'avoir encore, dans le courant de 1845, renversé à coups de rigoise le nègre Maxime, jeune esclave alors malade, de l'avoir pilé, avec la pointe de

(1) La rigoise est un gros nerf de bœuf.

son bâton, dans l'estomac, et d'avoir donné des coups de pied dans le ventre à cet homme, qui, obligé d'aller à l'hôpital, y est mort en septembre même année;

« 6° D'avoir, contrairement à l'art. 14 de l'édit de 1685, enterré les esclaves Germain, Jean-Louis, Maximin, Jean-Philippe, Mayotte et Maxime dans les halliers de l'habitation, nus, sans cercueil, sans aucun devoir religieux;

« 7° D'avoir fait deux blessures à Cécile : l'une entre les deux yeux, en lui poussant sur le visage le canon d'un fusil, l'autre au-dessus de l'œil gauche, en lui jetant une assiette à la tête (Cécile était attachée au service de la maison);

« 8° D'avoir fait travailler les esclaves de l'habitation dans tout le cours de 1843, 1844, 1845, et premier mois de 1846, en dehors des ordres prévus, pendant les veillées, et même les nuits, séquestrant même ces esclaves en masse, pendant les nuits, dans une chambre disciplinaire malsaine;

« 9° D'avoir, pendant trois mois, chargé de chaînes et anneaux de fer aux pieds Élysée, Sucot, Hiacynthe, Céleste et Héloïse, âgées l'une et l'autre de plus de cinquante ans; ces quatre derniers accouplés deux à deux au moyen d'une chaîne longue seulement de 18 pouces, et contraints d'aller au travail ainsi chargés de chaînes;

« 10° D'avoir infligé un quatre-piquets[1] à nu à Célestine, avec coupure des chairs, et de l'avoir mise à la

(1) Dans le supplice *encore légal* du quatre-piquets, le patient est étendu à plat ventre, les bras et les jambes attachés à quatre piquets fixés en terre.

barre disciplinaire pendant dix jours, à l'occasion de sa déposition devant le juge de paix;

« 11° D'avoir infligé un quatre-piquets sur l'échelle, à nu, avec déchirure des chairs, à Céleste, et de l'avoir détenue à la barre disciplinaire pendant deux semaines, à l'occasion de sa déposition au cabinet du juge d'instruction. »

Je demande pardon à la Chambre de la lecture que je viens de lui faire. (Du tout! du tout! — Vous avez bien fait!)

Plusieurs membres. Nous vous en remercions, au contraire!

M. Jules de Lasteyrie. Mais je crois que, malheureusement, ce que je vais lui dire est encore plus de nature à exciter son indignation. (Ecoutez! écoutez!)

La Chambre s'étonnera, sans doute, que des faits aussi nombreux, aussi généraux, n'aient pas été arrêtés tout de suite, et que l'autorité ne se soit pas montrée vigilante. Sa vigilance était d'autant plus appelée sur cette habitation, que j'ai lu dans un rapport du commandant de la gendarmerie de la Martinique que, sur cette même habitation, quatre esclaves étaient morts la même année par suite de sévices. Mais, messieurs, c'est que le propriétaire de cette habitation était allié, et, dans une habitation voisine, associé du procureur général. (Mouvement.) M. le ministre de la marine, il est vrai, n'a pas laissé ces fonctions entre les mains du même magistrat. Mais, si la Chambre s'étonne de ce que la condamnation n'ait été que de quinze jours de prison, je lui dirai que l'associé, pour une habitation voisine du propriétaire inculpé, était le président de la cour royale. (Mouvement prolongé.)

Je n'ai rien à ajouter.

M. le Président. Plusieurs membres sont inscrits pour prendre la parole. La Chambre, d'après ses précédents, peut, suivant ses convenances, soit renvoyer la suite de la discussion à la prochaine séance (Réclamations), soit à la première séance où il sera fait des rapports de pétitions.

Plusieurs membres. A lundi!

M. le Président. On demande le renvoi à lundi? Je le mets aux voix. (La question du renvoi à lundi est mise aux voix au milieu du bruit. — Quelques membres seulement prennent part au vote.)

M. le Président. La discussion est renvoyée à lundi.

M. Puillon de Boblaye. Monsieur le président, on croyait que l'on votait sur les conclusions du rapport, et non sur la remise de la discussion!

Plusieurs membres au centre. C'est vrai! on n'a pas entendu! on n'a pas compris le vote!

M. le Président. Plusieurs membres pensent qu'il y a eu erreur. J'ai fait mes efforts pour être entendu; mais plusieurs membres prétendent qu'ils n'ont pas compris que la Chambre était appelée à voter sur la question de savoir si la discussion devrait être continuée à lundi ou au premier jour où les pétitions seront l'objet de rapports.

M. Parès. Je demande le renvoi à samedi.

M. de Bastard. Aux voix les conclusions du rapport!

Plusieurs voix. Oui! oui! le renvoi aux ministres!

M. le Président. On demande à la Chambre de voter sur les conclusions du rapport. (Oui! oui!)

M. Odilon Barrot. Il me semble que M. le ministre de la marine doit avoir des explications à donner à la Chambre. (M. le ministre de la marine se dirige vers la tribune.)

Plusieurs voix. Alors, à lundi!

M. de Tracy. On a voté; je demande la parole sur le rappel au règlement.

M. le Président. Aux termes de la Charte, M. le ministre de la marine a la parole. Je ne puis refuser la parole à un ministre.

M. de Tracy. Le règlement doit passer avant tout.

M. le Président. Je vous demande pardon; la Charte passe avant tout.

M. de Mackau, ministre de la marine et des colonies. Je suis aux ordres de la Chambre, et je ferai assurément ce qui lui conviendra le mieux. S'il est dans l'intention de la Chambre de prendre immédiatement une décision sur les pétitions dont elle a entendu le rapport, elle permettra certainement que je lui donne auparavant quelques explications. (Oui! oui!)

Plusieurs membres. A lundi, alors!

M. Ledru-Rollin. Je demande la parole.

M. le ministre. Messieurs, le rapport présenté par l'honorable M. de Gasparin, à l'occasion des pétitions qui ont été adressées à la Chambre, rend facile le rôle du ministre de la marine.

L'honorable M. de Gasparin, en faisant l'analyse de ces pétitions, a, pour ainsi dire, été d'accord avec le gouvernement pour ne pas admettre les points principaux sur lesquels les pétitionnaires se fondent pour attaquer la loi de 1845 et pour demander que cette loi soit immédiatement remplacée par des actes ayant une toute autre portée et devant amener une émancipation très prochaine, une émancipation complète dans les colonies.

S'il ne s'agissait que d'exprimer une opinion sur le rapport de M. de Gasparin, je dirais qu'il y a très peu de différence entre lui et moi. Certainement quand il qualifie, ainsi qu'il l'a fait, les vœux des pétitionnaires, lorsqu'il demande au gouvernement la sincère et loyale exécution de la loi de 1845, lorsqu'il demande au gouvernement de ne négliger aucun moyen pour que cette loi soit appliquée dans toutes ses parties, nous nous trouvons parfaitement d'accord, et le département de la marine et des colonies est très décidé, ainsi qu'il l'a prouvé depuis bientôt deux ans, à prendre toutes les mesures qui peuvent amener ce résultat.

Mais, messieurs, ce n'est pas sur le rapport de l'honorable M. de Gasparin que j'ai à me prononcer; c'est sur les pétitions dont l'honorable M. de Gasparin vous a entretenus.

Eh bien! je n'hésite pas à dire à la Chambre que si les explications qui ont été données par l'honorable rapporteur, au nom de la commission, sont de nature à présenter la question sous un jour qui, en France, peut complétement rassurer les esprits, s'il résulte de ces explications qu'il ne s'agit pas de prendre, dans les colonies, des mesures immédiates et violentes, l'admission de ces pétitions par la Chambre aurait aux colonies une toute autre interprétation. (Mouvement.)

J'affirme que, chargé de la responsabilité du gouvernement des colonies, chargé d'y maintenir l'ordre, chargé surtout de faire exécuter la loi de 1845, et très décidé, autant que quelque membre que ce soit de cette Chambre, à ce que cette loi ait une exécution sincère et complète, très décidé également à prendre en sérieuse considération les observations faites par l'honorable M. de Lasteyrie, dans des termes si modérés, si éloquents, et dont pour mon compte je le remercie; très décidé, je le répète, à faire exécuter la loi ponctuellement et à la compléter, et fermement persuadé que l'exécution de cette loi peut suffire longtemps encore aux besoins de la situation, je n'hésite pas à dire sincèrement, loyalement à la Chambre que je crois que, pour les colonies, la Chambre prendrait une décision qui ne leur serait pas favorable, et qui ne serait pas favorable à l'exécution de la loi de 1845, si elle ordonnait le renvoi qu'on lui demande.

Plusieurs membres au centre. Aux voix! aux voix!

A gauche. Le renvoi à lundi.

M. le président. On demande, d'une part, que les conclusions du rapport soient mises aux voix, mais on demande, d'autre part, le renvoi à lundi ; je dois d'abord consulter la Chambre sur le renvoi à lundi.

Au centre. Non! non! — Aux voix les conclusions du rapport!

M. Ledru-Rollin. Je demande la parole sur la position de la question.

M. le président. Vous avez la parole.

M. Ledru-Rollin. Je demande le renvoi à lundi ou à un jour ultérieur qu'il plaira à la Chambre d'indiquer.

La Chambre, tout à l'heure, a été profondément émue des faits graves, des faits odieux qui ont été racontés ; j'en ai de plus graves et de plus odieux encore à lui soumettre. Je demande donc que la Chambre veuille bien renvoyer la suite de la discussion à lundi, car il n'est pas possible de nous refuser cette discussion, à moins de manquer à tous les sentiments de justice et d'humanité ; si le renvoi à lundi n'avait pas lieu, je demanderais, pour que M. le ministre ne puisse échapper aux questions que j'ai à lui faire, je demanderais que la Chambre indiquât un jour pour adresser au ministre des interpellations directes sur ce point. (Agitation.)

Au centre. La clôture ! — Aux voix les conclusions du rapport !

M. le président. Deux questions distinctes sont posées : on demande à aller aux voix sur les conclusions du rapport ; mais M. Ledru-Rollin demande le renvoi à lundi.

Un membre. C'est déjà voté !

M. le président. J'entends dire que la Chambre a déjà statué sur cette demande ; mais, dans le moment même où la deuxième épreuve venait d'avoir lieu, une partie de la Chambre s'est levée en disant n'avoir pas entendu que c'était sur le renvoi à lundi que l'on votait, mais avoir compris qu'on votait sur les conclusions du rapport. Déjà plusieurs fois pareille chose s'est passée ; la Chambre a reconnu qu'il ne devait pas y avoir de méprise, et l'épreuve a été renouvelée. (C'est juste !) J'ai fait, dans cette circonstance, ce qui s'est déjà fait plusieurs fois. (Assentiment.)

Je consulte donc la Chambre sur la demande qui lui est faite de renvoyer la discussion à lundi.

(La Chambre, consultée, décide qu'elle renvoie à lundi la suite de la discussion.)

La séance est levée à six heures et demie.

Séance du 26 avril.

L'ordre du jour appelle la suite de la discussion sur les pétitions relatives à l'abolition de l'esclavage dans les colonies françaises.

M. Lacrosse. Messieurs, à la fin de votre dernière séance, M. le ministre de la marine a donné de très justes éloges au rapport présenté par l'honorable M. de Gasparin ; le ministre a déclaré être prêt à en adopter pleinement les principes, puis il paraît s'être décidé à en repousser les conclusions.

L'honorable M. de Gasparin a déjà manifesté l'intention de venir défendre à la tribune l'œuvre de la commission dont il a été l'organe, cette œuvre si remarquable par la netteté du langage, par l'énergie de la pensée, et en même temps par la modération des conseils qu'elle renferme. L'honorable M. de Gasparin saura s'acquitter de la tâche qu'il s'est imposée, la Chambre l'entendra avec l'intérêt qu'elle a déjà pris à la lecture de son premier travail. Il ne m'appartient pas d'empiéter sur les droits d'une défense aussi légitime, et je lui réserve le soin d'établir que la commission n'a manqué ni de logique ni de prudence.

Dès le début de la discussion, l'honorable M. Jules de Lasteyrie a peint la situation actuelle des colonies ;

il a montré les résistances que rencontre l'application des lois libérales votées dans la session de 1845; il a fait le tableau le plus touchant et le plus vrai des calamités qui pèsent encore sur la population noire des Antilles et de Bourbon, population qui a droit à la liberté, non-seulement parce que l'humanité l'ordonne, mais aussi parce que vous ne voulez pas que désormais il y ait en France un seul point du territoire cultivé par des mains esclaves.

D'autres orateurs se proposent de traiter les grandes questions qui nous occupent au point de vue des effets que la législation de 1845 est susceptible de produire : je n'anticiperai pas sur cet ordre de discussion. J'envisagerai seulement les conséquences fâcheuses de l'ordre du jour que M. le ministre de la marine a provoqué et dont j'espère encore qu'il n'a pas apprécié les résultats. J'espère aussi que la Chambre actuelle ne répudiera pas les précédents de toutes les législatures qui l'ont devancée.

Mais, après avoir réfléchi sur les paroles qu'il a prononcées, qu'il me soit permis de m'étonner un peu de la situation nouvelle que le gouvernement semble prendre dans cette discussion; je suis fondé à déclarer que cette situation est nouvelle, car si vous ne reportez pas vos souvenirs à la session de 1845, vous serez frappés de l'esprit sage et progressif qui présidait à la pensée première des lois des 18 et 19 juillet.

Formulées par le gouvernement, vous verrez comment elles ont été défendues dans les deux Chambres; ici, devant vous, quels ont été, sur cette question, les auxiliaires ardents et dévoués du cabinet, et, en particulier, de M. le ministre de la marine. Vous savez quel rôle important et distingué ont rempli mon honorable ami, M. Jules de Lasteyrie, comme rapporteur de la loi du 18 juillet, et l'honorable M. d'Haussonville, comme rapporteur de la loi datée du 19 juillet 1845 ; cependant en 1847, hier, l'opinion émise par M. le ministre de la marine avait été produite, quelques moments auparavant, par un orateur qui combattait avec énergie ces mêmes lois, dont nous citons les auxiliaires. Les convictions de cet orateur n'ont point changé; les nôtres sont restées les mêmes. Nous ne voulons d'esclavage nulle part; nous croyons que sans la liberté rien n'est stable; qu'avec le despotisme, quelle qu'en soit la forme, tout est précaire, tout est menacé de dangers, rien ne comporte d'avenir. Voilà ce que nous croyons, voilà ce que nous pensons; et maintenant nous nous trouvons à regret en contestation avec M. le ministre de la marine et des colonies.

J'aurais un regret plus grand s'il m'était possible de considérer cette déclaration comme étant commune au ministère tout entier. Je me plais à penser qu'il n'y a pas lieu de généraliser l'opinion résolument émise par M. le ministre de la marine et des colonies dans la Chambre des pairs, et que celle qu'il a indiquée plutôt que formulée très expressément dans votre dernière séance, que cette opinion est inspirée par les préoccupations de l'administration spéciale dont il est chargé, et lui est personnelle. Mais le gouvernement représentatif, dans ses exigences, ne commande pas une homogénéité absolue entre les pensées des ministres qui siégent dans le même conseil, lorsqu'il s'agit de questions qui ne touchent qu'indirectement à la politique du cabinet. Dans tous les cas, la question ne saurait devenir une question de cabinet, pas plus qu'elle n'est devenue le germe de dissentiments entre les diverses fractions de cette Chambre. L'émancipation des noirs est au nombre de ces œuvres grandes et laborieuses que la justice et l'humanité réclament; elles ne peuvent enfanter, dans une assemblée française, que d'honorables sympathies; elles sont au-dessus des préoccupations de partis : ce sont de ces améliorations sociales au succès desquelles chacun, quelles que soient ses opinions politiques, consacre ses efforts, trop heureux s'il parvient à faire avancer d'un pas la réalisation d'un bien qu'il espère et appelle de tous ses vœux. Il n'y a donc ici ni question de cabinet possible, ni question susceptible de séparer la majorité des oppositions. La majorité, comme l'opposition, a constamment, dans cette Chambre, envisagé l'esclavage comme réprouvé par les lois de la prudence humaine autant que par les lois divines.

La majorité et l'opposition ont rivalisé d'efforts pour que cette grande entreprise commençât plus tôt, pour qu'elle marchât d'un pas sûr sans qu'aucune hésitation ne lui fasse faire de pas en arrière. L'émancipation est née de l'excitation de la Chambre des députés de 1838 ; elle a progressé trop lentement sans doute, mais réellement par l'impulsion généreuse que le gouvernement lui donne depuis 1839. C'est en vertu de ce progrès que nous réclamons un progrès de plus et l'exécution de la promesse que je lis dans une circulaire de 1840.

Le ministre des colonies écrivait aux gouverneurs :

« L'émancipation est résolue en principe. Je vous consulte non sur le principe, mais sur le mode. »

Avant cette époque de 1839, les résistances contre l'émancipation absolue des noirs avaient leur foyer au ministère de la marine; nos souvenirs et le *Moniteur* gardent trace de paroles qui ressemblaient beaucoup à celles que chaque discussion ramène, paroles qui ont eu dans les colonies un fâcheux retentissement; elles y ont encore encouragé les espérances de ceux des propriétaires d'esclaves qui tiennent pour certain que la propriété de leurs noirs doit être maintenue sous la forme que les lois leur ont accordée trop longtemps pour l'honneur de la législation de notre pays.

L'honorable M. Jollivet prononçait à la dernière séance des paroles très consolantes pour nous. Il disait que les colons repoussent l'esclavage, qu'ils désirent la transformation du travail de l'esclave en travail libre, qu'ils demandent en même temps la sécurité de leur avenir ; et certes nul de nous ne voudrait contrarier ces vœux. Mais il n'en a pas toujours été ainsi, et l'explication en est facile. Des espérances qu'il nous est permis d'appeler coupables ont germé dans le cœur des colons. S'ils ont cru que l'esclavage pouvait survivre à la liberté conquise en 1789 et en 1830, je le répète, c'est par l'autorité même qui devait leur donner les conseils les plus salutaires que ces funestes pensées leur ont été inculquées.

Je suis obligé de rappeler à la Chambre ces déclarations officielles qui eurent, en 1838, le plus déplorable effet.

Un ministre disait ici, à l'occasion de la proposition déposée par l'honorable M. Hippolyte Passy : « Cette proposition, *elle est incomplète* (soit), *elle est inique, elle est inhumaine;* » et ces mots étranges ont pendant longtemps pesé sur les développements de la pensée généreuse dont l'honorable M. Hippolyte Passy avait ici pris la louable et courageuse initiative.

La Chambre ne s'est pas arrêtée; elle a pris la proposition en considération.

On n'épargnait pas les reproches à l'auteur et aux adhérents de cette proposition. M. Passy était accusé de tendre à bouleverser les colonies; enfin l'argument éternel était celui-ci : « Sur les affaires coloniales, toute discussion est dangereuse. » Le temps a couru, mais l'argument est répété sous des formes qui n'en dissimulent pas la pensée. Rien ne serait plus commode que ce moyen d'écarter un débat quelconque. Le parlement anglais ne connaît ni n'admet de semblables procédés, et des hommes éminents dans le gouvernement nous ont conseillé de ne jamais nous y arrêter.

Une commission a été formée. M. de Rémusat en fut rapporteur. Ce premier succès contre les antagonistes avoués ou cachés de l'émancipation, nous le devons en grande partie à des paroles éloquentes prononcées par l'un des membres du cabinet que je voyais à cette place. Je n'ai pas besoin de les rappeler; elles ne sauraient être oubliées. L'honorable M. Guizot a fait alors une éclatante justice des alarmes exagérées, ainsi que des efforts tentés pour étouffer la grande question de l'émancipation des noirs.

Mais les passions avaient été excitées par les manifestations du ministre de la marine. Quand le régime des ordonnances a commencé la réalisation des grandes mesures que nécessite la situation de la société coloniale, de vives résistances se sont reproduites. Aux colonies, on a représenté le recensement des esclaves comme un empiétement de la puissance publique sur l'autorité du maître, comme si la vie de l'esclave n'avait pas obtenu la protection de la couronne et par les édits de Louis XIV et par ceux de Louis XVI.

Le recensement! Y avait-il un moyen plus certain de constater que désormais la traite, proscrite par nos lois, cesserait enfin de recruter les ateliers?

Bientôt, par l'ordonnance du 5 janvier 1840, la puissance publique a mis l'esclave sous la protection la plus directe; elle a appelé les magistrats à exercer un patronage qui ne pouvait s'exercer sans le droit de pénétrer dans l'intérieur des habitations. Ils y ont pénétré pour recommander l'ordre et pour veiller en même temps à ce que le pouvoir du maître ne sortît pas des limites que nos lois malheureusement lui assignaient encore.

La résistance aux dispositions libérales qui ont pour but de constituer, au profit de la population esclave, une instruction morale et religieuse dure encore.

Messieurs, vous voyez comment ont été accueillis les actes qui font tant d'honneur au ministère du 12 mai, qui en a pris l'initiative, au ministère du 1er mars, qui les a développés, et au ministère du 29 octobre, qui les a continués.

Je ne suis pas de ceux qui attribuent l'abolition de la traite et de l'esclavage à une conjuration de l'Angleterre contre la prospérité des Antilles françaises, et c'est pour ce motif que je verrais avec peine une marque d'indifférence donnée par un ministre à la transformation du travail dans les colonies. Cela ouvrirait le champ à de fâcheuses conjectures, que je repousse de mon esprit. J'y trouve, au contraire, le souvenir des sympathies officielles qui ont accueilli les interpellations que j'ai cru devoir adresser à MM. les ministres le 6 mars 1841.

Je les remercie de ces sympathies, et pour moi, et surtout pour les infortunés dont elles ont contribué à alléger les misères. Bientôt après parut l'ordonnance du 16 septembre 1841, qui interdit les châtiments excessifs. Cette ordonnance est un témoignage loyal des intentions qui animent le cabinet qui siége encore sur ces bancs.

La commission, à la même époque, présidée par M. le duc de Broglie, préparait un travail qui est entre les mains des membres de cette Chambre : chacun a pu l'étudier ; chacun a pu voir qu'après les préparations théoriques, il était temps d'arriver à la réalisation, sinon immédiate, du moins à époque fixe, de l'émancipation générale des noirs dans nos colonies.

On s'est trompé quand on a dit que les pétitionnaires demandent l'émancipation *immédiate*, l'émancipation demain ; qu'ils demandent que le *Moniteur* promulgue l'abolition complète de l'esclavage, et la mise en liberté de la population esclave tout entière : il n'en est pas ainsi.

Si dans les vœux de quelques pétitionnaires ces pensées peuvent se trouver, nous ne les condamnons pas; mais nous avons et nous soutenons une pensée dont la réalisation est plus en rapport avec le projet de la commission dont nous avons parlé, et avec les vues dont je souhaite que le gouvernement de mon pays soit animé.

Il y a deux projets : l'un comporte un mode d'émancipation simultanée; pour ce mode d'abolition une date était fixée, elle était lointaine, elle se reportait à 1853; l'autre, le mode d'abolition progressive, devait commencer plus tôt; mais nous n'avons pas vu que des pétitionnaires vinssent demander l'exécution immédiate du premier mode; ils demandent un projet de loi dont le gouvernement prendrait l'initiative et qui recevrait tous les perfectionnements que l'élaboration faite dans les deux Chambres permettrait d'y apporter. (Approbation.)

Je reviens, messieurs, aux paroles prononcées par M. le ministre de la marine, dans le moment où la discussion a été suspendue. Voici le *Moniteur* d'hier : permettez-moi d'en citer le texte.

Deux arguments ont été opposés par le ministre au vœu des pétitionnaires. Il pense que « l'admission des pétitions par la Chambre aurait aux colonies une interprétation tout autre que celle qui résulte de l'esprit même du rapport. »

Qu'il nous permette de croire que depuis quelques

années l'esprit public, dans les colonies, a fait plus de progrès qu'on ne pourrait le penser d'après le reproche qu'il dirige contre les pétitions que nous venons soutenir.

Comment ! une décision qui serait prise dans cette Chambre, après avoir été préparée par le rapport de l'honorable M. de Gasparin, après avoir reçu, dans la discussion, le caractère véritable qu'il importe de lui assigner, une pareille décision semblerait, dans les colonies, un appel à la révolte, une invitation à la paresse, à je ne sais quel germe de discorde qui porterait le trouble là où nous voulons qu'en même temps que l'émancipation soit prononcée, règnent toujours l'ordre et la paix !

Mais les discussions qui ont un intérêt aussi grave ne seront pas portées incomplétement dans les colonies. La censure qui s'y exerce laissera pénétrer sans doute la vérité sur les causes et les conséquences de la loi à intervenir. Malgré les imperfections graves de la loi du 24 avril 1833, elle a facilité l'intelligence théorique et pratique de nos débats. Les sessions des conseils coloniaux préparent à l'appréciation des actes législatifs. Je crains que M. le ministre ne compte pas assez sur le bon esprit du plus grand nombre des colons et sur l'intelligence de tous.

Chacun d'eux voudra savoir quels auront été les motifs de la décision importante que la Chambre va prononcer. Chacun d'eux pourra savoir que la commission propose de donner aux pétitionnaires satisfaction, aux colons sécurité. Ces intérêts, opposés en apparence, se concilieront par le respect des droits acquis, et surtout par le respect des droits de l'humanité.

Loin de pousser le ministre des colonies dans la voie qu'il appréhende de voir s'ouvrir devant lui, nous disons au gouvernement qu'il doit s'y engager avec une prudence sans laquelle l'émancipation serait suivie de véritables dangers. Ces dangers existent autant dans une temporisation excessive que dans l'absence de précautions. Une sage loi d'abolition sauvera les colonies de ce double écueil.

M. le ministre de la marine a dit encore : « *La Chambre, en renvoyant au gouvernement les pétitions dont il s'agit, prendrait une décision qui ne serait nullement favorable à l'exécution de la loi de* 1845. »

Messieurs, dans l'un comme dans l'autre des modes d'émancipation proposés par la commission formée en 1840, la loi de 1845, tout imparfaite, toute susceptible qu'elle est de perfectionnements ultérieurs, cette loi cependant continuerait à avoir son effet; rien ne l'abroge. De même que vous n'avez pas dit en l'écrivant qu'elle aurait cinq ans, dix ans d'existence, sans qu'aucune disposition nouvelle vînt à améliorer ses dispositions, de même cette loi conserverait toute sa force et toute son application. Prenons un exemple : l'émancipation progressive. Ne serait-il pas nécessaire de laisser à la génération qui est sortie de l'enfance un moyen d'échapper, lentement il est vrai, trop lentement sans doute, mais enfin d'échapper à l'esclavage, par les combinaisons que contient la loi du 18 juillet, et surtout par une subvention continue, plus large que celle dont le point de départ se trouve fixé dans la loi du 19 juillet? La seule modification souhaitable en cette hypothèse serait de voir figurer la subvention sous son vrai titre : allocation pour le rachat des esclaves.

Il est quelque peu surprenant de découvrir un titre imaginé pour voiler cette louable destination.

Pourquoi parler de récompenses aux esclaves les plus méritants, quand les relevés d'affranchissement nous apprennent que le pécule de quelques-uns des affranchis a été grossi en vue de considérations très différentes? Consultez, messieurs, l'état imprimé, à la page 259: le premier nom est celui d'un esclave à qui, certes, l'État doit son assistance.

Mon dessein est d'éviter tout appel aux passions, même les plus généreuses. Je m'abstiens de désigner la cause de l'affranchissement, mais j'en gémis comme d'un de ces écarts de l'autorité absolue que l'esclavage enfante au détriment de l'oppresseur et de l'opprimé.

S'il s'agit de l'émancipation simultanée, je le disais tout à l'heure, l'époque, même fixée, en sera séparée probablement par quelques années de celle où la loi sera rendue. La loi du 18 juillet se trouverait-elle infirmée pour cela? Cela empêcherait-il ceux des noirs qui ont une industrie assez fructueuse pour ramasser une partie du pécule d'obtenir, en récompense d'une conduite jugée régulière, l'allocation nécessaire pour se racheter intégralement? Non; dans l'un comme dans l'autre cas, je vois la loi du 18 juillet 1845 subsister tout entière; je ne la vois déchirée par personne, ni par les pétitionnaires, ni par nous qui l'avons soutenue, tout en la voulant plus efficace, mais qui ne méconnaissons pas les bons effets qu'une autorité ferme lui ferait actuellement produire.

Messieurs, on fait un crime aux pétitions de quelques expressions qui peuvent avoir échappé à la plume des rédacteurs de l'une d'elles. Certes il serait de peu d'importance que, sur des pétitions couvertes de dix mille signatures, plusieurs des citoyens qui les ont adressées à la Chambre se fussent écartés de la circonspection que nous aurions souhaité y voir sans doute; jusqu'à présent, aucune des citations qui ont été faites ne nous a paru mériter la censure que nous avons entendue, et en admettant même que quelques passages fussent d'une rédaction tout autre que celle que nous aurions conseillée aux pétitionnaires, dans l'intérêt de la cause sainte dont ils sont les organes, verrions-nous là un motif pour prononcer l'ordre du jour?

Les souvenirs de la Chambre me serviront à démontrer que, dans plusieurs occasions, des pétitions dont le style pouvait mériter quelques critiques ont obtenu de sa part des témoignages réitérés d'intérêt. Je rappellerai, par exemple, les pétitions qui ont été présentées à tant de reprises par les anciens légionnaires. Quelques-uns d'entre ces vaillants serviteurs de l'État réclamaient avec une extrême vivacité la restitution de la retenue exercée sur leur traitement pendant sept années. Eh bien! tout en regrettant l'amertume des expressions, tout en souhaitant que les pétitionnaires ne s'écartent jamais, en réclamant leur droit, de tout ce qui peut en assurer l'appréciation, la Chambre n'a pas puni la Légion-d'Honneur de l'erreur de quelques-uns des pétitionnaires. Dans sa justice, elle a renvoyé ces pétitions aux ministres, et le gouvernement, plus tard, a pris l'initiative d'une mesure réparatrice, jusqu'à un certain point, du préjudice que les légionnaires avaient subi. Je pourrais m'armer de plusieurs exemples analogues; je ne prolongerai pas ces citations, convaincu qu'un tort de forme ou que l'imprudence des vœux de tant d'âmes élevées et généreuses ne suspendrait pas l'action d'un des grands pouvoirs publics. Il y a des esclaves en France; rompez leurs fers, messieurs, avec la sagesse du législateur, mais surtout avec la charité du chrétien. (*A droite*. Très bien!)

Je prie la Chambre de vouloir bien considérer que, dans des œuvres aussi complexes, aussi laborieuses, lorsque les principes d'une éternelle vérité luttent contre des intérêts ardents et opiniâtres, s'arrêter c'est reculer.

Or, il ne suffit pas à M. le ministre, chargé plus spécialement de l'administration des colonies, de nous dire : « L'émancipation est le but vers lequel je marche. » Il lui faut marcher. (Bien ! bien !)

Je l'engage donc à mettre un terme aux préoccupations excessives dont il paraît frappé ; je l'engage à renoncer à l'hésitation qui caractérise les dernières paroles prononcées par lui dans cette enceinte. Je lui demande de prendre en considération très sérieuse, et la sainteté de la cause au nom de laquelle parlent les pétitionnaires, et les signatures de ces vénérables prélats qui se sont placés à leur tête; j'appelle son attention sur cette circonstance, que plusieurs d'entre ces évêques dont j'appuie en ce moment la pétition, ont l'expérience du régime colonial ; non-seulement ils ont administré en France les affaires spirituelles de diocèses importants, mais il en est parmi eux qui ont traversé les mers, qui ont vu tous les maux qu'enfante l'esclavage. Ils vous demandent d'y mettre un terme prochain ; et, après eux, nous demandons aussi que la Chambre veuille bien hâter le moment où l'abolition, résolue en principe, commencera à devenir une réalité, en renvoyant la pétition au ministre de la marine ainsi qu'au président du conseil. (Approbation sur plusieurs bancs.)

M. Levavasseur. Messieurs, j'ai parlé contre la loi du 18 juillet 1845. Ce n'était pas que je fusse contraire au principe même de la loi, c'est-à-dire au principe de liberté; personne ne la voulait plus ardemment que moi ; mais, à mon sens, rien n'était fait pour préparer cette liberté. Pouvait-elle germer avec succès dans un pays où la propriété n'était pas même constituée? Selon moi, l'expropriation forcée ne devait-elle pas précéder la grande mesure d'émancipation ? Malheureusement, vous le savez, beaucoup de colons sont dans la gêne. Ils ne peuvent donc se préoccuper des questions d'avenir ; ils se cramponnent au présent, quel qu'il soit.

Je disais en 1845 que, si l'on voulait que les colons sérieux, les colons véritablement propriétaires, secondassent de toutes leurs forces la grande mesure de l'émancipation, il fallait d'abord constituer la propriété, puis organiser des ateliers de travailleurs libres, de manière à donner aux esclaves le précieux exemple des résultats qu'amène avec elle la liberté. J'ajoutais que sans le crédit, pour lequel rien n'a été fait aux colonies, le succès serait bien difficile. Aucune de ces trois conditions préliminaires n'avait été remplie : aussi ai-je parlé contre la loi du 18 juillet 1845. Cependant elle a été votée.

Voyons quelles ont été ses conséquences, voyons si dans les colonies elle a trouvé une aussi vive résistance que l'honorable M. de Lasteyrie l'a prétendu. Comme lui je m'associe à tous les sentiments généreux en faveur de la liberté ; mais il ne faut pas qu'elle nous rende injustes, et qu'à l'abri d'un principe sacré nous allions jusqu'à répandre sur nos compatriotes des imputations qui ne seraient pas fondées. Personne plus que moi ne rend hommage au caractère, à la loyauté, au talent de l'honorable M. de Lasteyrie ; mais il me permettra de lui dire qu'il a été bien mal informé, je crois pouvoir lui démontrer qu'il est tombé dans de graves erreurs, et si je lui donne cette preuve, je compte sur sa loyauté pour venir à cette tribune exprimer le regret d'avoir articulé des faits peu exacts.

Comme vous tous, messieurs, j'ai été vivement impressionné par ces faits, et impressionné à ce point, qu'en sortant de cette assemblée, moi qui avais eu l'intention de prendre la parole, j'avais béni le ciel de m'être abstenu. Ce n'est donc qu'après réflexion, après examen des faits, que je me suis déterminé à venir ici leur rendre leur véritable caractère.

L'honorable M. de Lasteyrie a appuyé ses reproches sur quatre griefs principaux :

1° D'abord, a-t-il dit, les colons prétendent qu'ils

veulent l'organisation du travail libre, et lorsque 'occasion leur est offerte, ils la refusent ;

2° Il prétendent que l'éducation religieuse et l'instruction élémentaire sont appelées de tous leurs vœux, et rien n'est fait dans les colonies pour l'instruction élémentaire, pour l'éducation religieuse ;

3° Le pécule et le rachat sont les seuls ressorts puissants à l'aide desquels on puisse espérer la liberté ; ce pécule et ce rachat sont la base même de la loi du 18 juillet 1845.

M. de La Rochefoucauld. Je demande la parole.

M. Levavasseur. Eh bien, les décrets coloniaux ont été rendus de telle manière, que le pécule devient impossible, et que, par une conséquence nécessaire, le rachat ne pourra jamais avoir lieu ;

4° La magistrature coloniale manque aux règles de la justice.

Tels sont, je crois, les quatre principaux griefs articulés par l'honorable M. de Lasteyrie. Je vais les examiner à mon tour, non pas pour justifier d'une manière générale des abus qui ont pu avoir lieu et que j'ignore, mais pour démontrer que les faits précis et articulés contre les colons et les colonies ont été exagérés au delà de toute mesure ; j'arrive au premier.

La Martinique, a dit M. de Lasteyrie, possède des habitations domaniales ; là on pouvait facilement organiser le travail libre. Eh bien, elle a fait ce qui dépendait d'elle pour qu'il n'eût pas lieu.

Ces mots sont bien vagues : la Martinique! Est-ce le conseil colonial de cette île? sont-ce les colons de la Martinique qu'on a voulu accuser? enfin, est-ce le fermier de ces habitations domaniales qui a mis opposition à l'organisation du travail libre?

Voici les diverses questions que je me suis posées, car la Martinique est un être collectif et abstrait qu'il me paraît difficile d'incriminer.

Je me suis enquis du nom des fermiers de ces habitations domaniales, et j'ai appris que l'un d'eux se trouve précisément à Paris. Il est venu en France; et savez-vous ce qu'il sollicite? ce qu'il sollicite ardemment depuis que vous avez rendu la loi du 18 juillet 1845, c'est l'établissement du travail libre. Il l'a sollicité non pas seulement de vive voix et fugitivement, non pas seulement dans les antichambres ou dans les salons ministériels, il l'a sollicité par une demande formelle et écrite; il l'a sollicité par des réclamations successivement adressées à M. le ministre de la marine. Il n'a pas été fait droit à ces demandes, par des motifs que j'ignore, par des motifs indépendants sans doute de la volonté de M. le ministre de la marine.

Je n'entends ici accuser personne ni faire aucune espèce de critique; je ne veux pas juger les actes de l'administration, lorsque je ne connais pas les motifs qui l'ont dirigée. Mais venir dire que la Martinique s'oppose à l'organisation du travail libre, venir dire que le travail libre pouvait, sans cette opposition, être facilement organisé sur une habitation domaniale, quand le fermier de cette habitation, la plus considérable de toutes, de l'habitation de Saint-Jacques, qui ne compte pas moins de cinq cents nègres, quand, dis-je, ce fermier a quitté son exploitation et son pays natal pour venir solliciter du gouvernement l'autorisation d'organiser ce travail ! lorsqu'il a poussé la générosité, le désintéressement, jusqu'à se mettre à la disposition du gouvernement, jusqu'à lui offrir la résiliation de son bail pour que l'on puisse procéder à une grande expérience ; venir accuser d'une manière vague et générale la Martinique en présence d'un pareil fait, n'est-ce pas, je le demande à M. de Lasteyrie lui-même, tomber dans l'erreur la plus regrettable, celle qui consiste à déverser le blâme là où l'éloge devrait seul se faire entendre ?

Messieurs, mettez-vous un instant, par la pensée, à la place d'un homme qui a quitté ses affaires, sa patrie, pour venir dans la métropole offrir son concours, et qui entend incriminer à cette tribune sa conduite et celle de tous ses compatriotes. N'est-ce pas là, messieurs, pousser trop loin le besoin de l'accusation?

Que les colons dont la propriété est engagée au delà de toute mesure, qui savent que l'émancipation les dépossédera de leur dernière ressource, soient mécontents, cela ce conçoit ; mais de ce qu'il y a des gens malheureux, pauvres, et plus à plaindre qu'à blâmer, faut-il jeter l'anathème sur un pays tout entier?

J'arrive aux griefs concernant l'éducation morale et religieuse. Je me sentirais coupable si j'osais venir dire ici qu'on a fait pour l'éducation morale et religieuse tout ce qui doit être fait. Mais, messieurs, ce n'est pas seulement dans nos colonies que tout ce qui devrait être fait n'a pas lieu ; peut-être aussi dans la métropole avons-nous à cet égard quelque reproche à nous faire. Sous ce rapport-là il y a partout d'immenses progrès à réaliser. Aux colonies, on est peut-être plus arriéré qu'ailleurs; aux colonies, on est loin malheureusement d'avoir accompli les progrès que nous appelons de tous nos vœux; mais dans le court intervalle qui s'est écoulé entre la promulgation de la loi du 18 juillet 1845 et l'exécution de cette loi, où trouver quelques documents sur ce qui s'est fait, si ce n'est dans les rapports de MM. les gouverneurs, que je n'entends pas garantir ici, mais qui ont au moins un caractère officiel que nous devons prendre en une certaine considération?

M. le ministre de la marine avait beaucoup insisté dans ses dépêches sur les soins qu'on devait apporter à l'éducation morale et religieuse; MM. les gouverneurs devaient s'expliquer dans leurs réponses à cet égard. Voici ce que je lis dans la réponse du gouverneur général de la Martinique, consignée dans le rapport au roi qui nous a été distribué.

« 26 *août* 1846. — L'esclave commence à se faire une idée de la sainteté et de l'indissolubilité du mariage; il choisit une femme dont l'âge et le caractère lui conviennent, et avec laquelle il puisse vivre en bonne intelligence.

« En résumé, M. le préfet apostolique reconnaît qu'il y a progrès parmi les noirs, progrès lent, dit-il, mais sensible. »

« 19 *novembre* 1846. — Vous remarquerez, monsieur le ministre, par les notes que je joins ici, que MM. les curés se sont transportés, depuis la publication de l'ordonnance royale du 18 mai 1846, sur les habitations; que partout ils ont été bien accueillis par les propriétaires; que, dans toutes les paroisses de l'île, des instructions spéciales pour les esclaves se font régulièrement une ou deux fois la semaine, et que les instructions s'organisent sur les habitations.

« Une difficulté s'était d'abord élevée à l'égard du temps pendant lequel auraient lieu ces instructions; mais elle se trouve à peu près résolue aujourd'hui : les maîtres *consentent* à ce qu'il soit pris sur le temps destiné aux travaux.

« Les esclaves, dans certaines localités, ne sont pas très assidus aux offices et aux instructions du dimanche, préférant demeurer sur les marchés où ils échangent leurs denrées, ou bien cultiver leurs jardins ; enfin, la plupart se laissent aller *à la paresse*, ne prétendant pas faire le sacrifice des moments qui leur appartiennent pour s'instruire.

« Les femmes en général, surtout dans les villes, montrent plus d'empressement que les hommes à se rendre à l'église.

« En réalité, une amélioration sensible s'est opérée, pendant le trimestre qui vient de s'écouler, dans l'instruction morale et religieuse donnée aux esclaves; elle est due au zèle de MM. les ecclésiastiques, dont les efforts constants tendent à l'accomplissement du grand œuvre de moralisation que se propose la France. »

Voici maintenant l'extrait d'une lettre du gouverneur de la Guyane française, en date du 20 juillet 1845 :

« Le supérieur des frères de Ploërmel m'a dit que sa classe du soir avait bien pris : il y compte habituellement vingt à vingt-cinq adultes et une quinzaine d'enfants. Il les a séparés, ce qui me paraît tout à fait convenable. Le nombre des inscrits est plus considérable; mais il n'y a pas de la part de tous une grande régularité. Les enfants, pense-t-il surtout, sont retenus par les travaux de domesticité dans les maisons.

« Voyant qu'il y avait moins d'esclaves aux instructions du lundi et du vendredi, il en a ouvert une le dimanche, à trois heures. C'est tout récent, et il se montre satisfait du nombre de ses auditeurs.

« Chez les sœurs de Saint-Joseph, il existe plus d'assiduité. Elles ont également séparé les enfants des grandes personnes, et les deux divisions sont confiées à deux sœurs différentes.

« Le rapport de M. le préfet apostolique fait de nouveau ressortir l'insuffisance numérique des ecclésiastiques. »

Vous le voyez, messieurs, s'il y a insuffisance numérique d'ecclésiastiques, il n'est pas au pouvoir des colons d'y suppléer; l'éducation religieuse n'a pas encore reçu tous les développements qu'ils pourraient désirer. Mais il résulte évidemment de ce rapport qu'il y a eu sinon de grands résultats obtenus, au moins un progrès réel, eu égard au peu de temps qui s'est écoulé depuis la promulgation de la loi.

Cependant qu'a-t-on osé dire? Que le budget, que la France avaient dépensé 3,900,000 fr. pour instruire douze enfants. En entendant le chiffre, en apprenant le résultat, la Chambre s'est émue. Mais, en présence d'une simple allégation, d'une accusation sans preuves, les documents que je viens de lire ne méritent-ils pas un peu plus de confiance que l'accusation elle-même?

A supposer que les documents émanés du gouverneur ne méritent aucune espèce de foi, je me suis fait cette question :

Pour qu'un chiffre aussi énorme soit dépensé, pour qu'il y ait un tel abus des deniers publics, il faut qu'il y ait des complices. Quels sont ces complices? D'abord tous les membres de l'administration et dans la métropole et dans les colonies. Soit; mais là vos soupçons ne doivent pas s'arrêter, il faut aller plus loin, il vous faut trouver des complices jusqu'au pied des autels; et quels sont ces complices? Les sœurs de Saint-Joseph, les frères de Ploërmel auxquels l'honorable M. de Lasteyrie rendait un hommage qui m'a paru très mérité. Cependant, ou son accusation est fondée, ou évidemment les sœurs de Saint-Joseph et les frères de Ploërmel manquent indignement à leur mission; car ils touchent une rétribution importante.

Je puis être dans l'erreur; si j'en commets une, je demande qu'on la relève à l'instant même et je la réparerai.

M. le rapporteur. On vous répondra.

M. Levavasseur. Si les frères de Ploërmel reçoivent une rétribution qui leur est assurée par l'administration de la marine et par celle des colonies pour l'instruction religieuse; si ces corporations font des rapports tout à fait inexacts à l'administration de la marine; s'ils vont jusqu'à faire adresser de faux rapports aux Chambres, au pays, alors évidemment les coupables ne sont pas seulement les colons et les administrateurs des colonies. Les coupables sont ceux qui retirent le bénéfice réel, positif, de l'absence d'éducation : les sœurs de Saint-Joseph et les frères de Ploërmel sont les vrais coupables. Pourquoi donc M. de Lasteyrie a-t-il fait leur éloge? Ils ne méritaient que la honte, le mépris, si les faits que l'on a cités pouvaient être vrais.

Je me refuse, en vérité, à ajouter foi à des allégations dénuées de toutes preuves qui incriminent tout le monde, sans que personne ne soit personnellement accusé. J'aime à croire que ces frères, que ces sœurs, voués au culte de Dieu, voués à l'éducation publique, à celle des classes pauvres surtout, animés de ces sentiments religieux qui leur font braver et le péril des mers, et celui du climat, n'ont pas abusé de leur mission au point de toucher des sommes énormes sans rendre aucun service.

Aussi, remarquez-le bien, l'on n'a pas accusé ces corporations, l'on a accusé les colons en général. Cela est plus commode pour l'accusation et paraît plus vraisemblable à ceux qui l'écoutent. Croyez-moi, messieurs, s'il y a eu inexactitude complète quant au refus du concours des colons pour les mesures relatives à l'organisation du travail libre, il me semble que votre foi doit être bien ébranlée dans des reproches qui concernent l'instruction élémentaire, l'éducation religieuse et morale.

Je ne dis point que sur certaines habitations il n'y ait pas du mauvais vouloir; je ne prétends pas que tous les maîtres s'empressent d'envoyer leurs jeunes esclaves aux écoles; je ferai même, si l'on veut, une très grande concession; je dirai que les conseils coloniaux sont loin d'avoir fait tout ce qu'ils devaient faire; j'ajouterai que certaines prescriptions qui leur étaient recommandées par le ministre de la marine, dans les projets des décrets soumis à leur examen, ont été à tort négligées par eux. Je fais cette concession. Mais de cette concession, si large qu'elle soit, aux énormités, permettez-moi, aux énormités qu'on est venu citer à cette tribune, à une dépense de 3,900,000 fr. pour élever douze enfants, il y a un intervalle immense.

Il y a l'intervalle de la vérité à l'erreur. J'aime à penser qu'elle est involontaire.

Sur le pécule qui est la base de la loi du 18 juillet 1845, sur le pécule qui doit amener le rachat forcé et la liberté de l'esclave, qu'est-on venu vous dire? que si quelques esclaves se rachetaient, quant à présent, à l'aide des réserves accumulées, à l'avenir le rachat serait impossible, parce que les conseils coloniaux avaient combiné leurs décrets de telle sorte que la terre manquerait désormais aux pauvres esclaves réduits à une portion si exiguë que, loin de faire des économies, ils pourraient à peine suffire à leurs besoins avec cette misérable portion de terre. Six ares, huit ares de terrain au plus, voilà l'espace, dit-on, que la libéralité des conseils coloniaux a octroyé aux esclaves pour y trouver les moyens de vivre.

On ne s'est pas arrêté là. On a opposé au décret mesquin, illusoire, inhumain même des conseils coloniaux français, la générosité des planteurs anglais qui, avant l'émancipation, avaient concédé vingt ares de terrain à leurs esclaves. Si l'honorable M. de Lasteyrie avait bien voulu pénétrer plus avant dans les mœurs coloniales, il aurait appris que la portion de terre concédée à l'esclave auprès de l'habitation du maître était restreinte, j'en conviens, mais qu'au delà de cette maison, au delà des champs plantés en cannes, il pouvait toujours cultiver la quantité de terre que son temps, que ses forces lui permettaient d'exploiter. Les parcelles concédées près de la maison du maître, à côté de la case du nègre, ne sont en quelque sorte que le jardin, la cour de l'esclave. Là, l'espace est et doit être restreint. Plus loin, il peut s'étendre presque à son gré. Par opposition au mot de jardin, on appelle abatis, dans les colonies, la partie lointaine qui a été abattue, défrichée, cultivée par le nègre.

Les Anglais ont donné, il est vrai, vingt ares de terrains à leurs esclaves; mais à quelle distance? à deux milles de leurs maisons. Les maîtres français donnent au contraire, à leur porte, huit ares, et, au delà de leurs champs cultivés, ils ne calculent plus l'étendue [1].

La restriction apportée par les colons français est donc moins grande que celle imposée souvent aux serviteurs de la métropole et préposés au travail d'un potager, d'un jardin, d'un parc.

Je ne dis pas, messieurs, que le rachat de l'esclave par son unique travail sera facile; mais je constate que ce que la loi a voulu existe, et qu'ici l'avantage ne reste pas à la philanthropie anglaise.

Enfin les accusations les plus terribles ont été articulées contre la magistrature coloniale. On a déroulé devant vous le douloureux tableau de faits épouvantables, de faits restés impunis. Allons au fond des

(1) Nous devons dire que tout cela est complétement et absolument inexact.

choses. Ces faits, dont le récit seul fait frémir, sont-ils consignés dans un jugement rendu par la chambre de mise en accusation? ont-ils la gravité qui ressort de la présomption motivée de plusieurs juges? Non; suivant M. de Lasteyrie, les faits tels qu'il nous les a exposés n'ont que l'autorité du rapport d'un juge d'instruction[1].

Ces faits qui vous ont été lus, ces faits épouvantables qui avaient effrayé mon imagination, ne sont donc qu'un réquisitoire, ils sont moins qu'un réquisitoire qui vient lui-même après une instruction; c'est un simple rapport, et, sans vouloir ici contredire les faits, quel jugement sérieux pouvez-vous établir sur le rapport d'un juge d'instruction?

En France, que voyons-nous tous les jours? Des acquittements qui nous étonnent, des acquittements tout à fait contraires aux rapports des juges d'instruction; mais ces acquittements, nous les respectons, car nous n'admettons pas comme vérité définitive tout ce que dit le juge instructeur. Pourquoi la publicité des débats? pourquoi l'intervention de la chambre du conseil, si ce n'est pour vérifier la réalité, l'authenticité de ce qu'a cru découvrir le juge d'instruction?

C'est le cas de dire ici, sans vouloir justifier en aucune manière la magistrature coloniale, que de part et d'autre il peut y avoir des passions : des passions chez le propriétaire d'esclaves, je ne les nie pas; des pas-

(1) Nous rappellerons qu'il y a eu jugement et condamnation. Au surplus, on peut lire les monstrueux détails de ce procès, page 369 de l'*Histoire de l'esclavage pendant les deux dernières années*.

sions chez le magistrat propriétaire d'esclaves, je vous les concède ; mais ce que je prétends n'être pas moins vrai, c'est qu'aussi il peut y avoir des passions chez quelques magistrats partis d'Europe avec des opinions préconçues. Chez beaucoup il y a sans doute la passion du bien, passion que j'honore; mais il en est une autre qui n'existe pas seulement aux colonies, qui est bien vivante, bien active dans la métropole, c'est la passion de l'avancement, des faveurs, des récompenses de tout genre. Eh ! mon Dieu, il y a tel magistrat auquel M. le ministre de la marine serait quelquefois obligé de dire comme M. de Talleyrand à certain diplomate : « Pas trop de zèle ! » De même que vous recommandez avec beaucoup de raison aux colons, aux magistrats colons de se dépouiller de leurs préjugés, de même M. le ministre de la marine pourra être dans la nécessité de dire à de jeunes magistrats qui vont, le drapeau de l'abolition à la main, conquérir leur avancement dans les colonies : « Pas trop de zèle ! » Ce zèle se manifeste d'une manière fâcheuse quand on veut briller trop vite aux colonies comme dans la métropole. On fait parfois des rapports, des réquisitoires qui effraient l'imagination ; puis vient le contrôle, et on trouve que la plupart des faits ne sont pas fondés, que l'accusation manque de base, que le zèle a emporté le magistrat.

Je n'ai plus qu'un mot à dire sur la composition de la magistrature coloniale.

On a fait une critique très vive des tribunaux de la Martinique en particulier. Je n'ai ici aucune qualité pour les défendre. Mais on a cru devoir faire l'éloge du procureur général près la cour royale de la Guyane française, et l'éloge de la cour royale de Cayenne, qui, sous l'impulsion de ce procureur général, n'avait pas failli à son devoir.

M. Jules de Lasteyrie. Je n'ai pas dit cela, je n'ai pas fait l'éloge de la cour royale de Cayenne.

M. Levavasseur. Non, vous n'en avez pas fait l'éloge, parce que, je suis fâché de le dire, parce que vous avez fait à son égard une insinuation bien fâcheuse, bien regrettable; vous avez été jusqu'à dire que si elle n'avait pas eu près d'elle un procureur général tout à fait intègre, elle se serait peut-être livrée à des actes répréhensibles, mais que, grâce à ce magistrat, elle s'en était abstenue.

M. Ternaux-Compans. Elle en a fait!

M. Levavasseur. Si des faits sont articulés contre elle, on les portera à cette tribune. En attendant la production de ces faits, c'est chose singulière qu'à la Martinique, où la magistrature est composée moitié de métropolitains et moitié de créoles, il se passe, dit-on, des actes injustifiables, coupables même, et qu'à Cayenne, là où siége une cour royale composée presque exclusivement de propriétaires d'esclaves, de magistrats qui possèdent jusqu'à 1,200 de ces malheureux, on dise au contraire que, grâce au procureur général qui est auprès d'elle et qui est aussi grand possesseur d'esclaves, il n'y a pas de reproches à faire à la justice du pays.

De ce rapprochement, messieurs, je tire la conclusion que, dans tous les faits qui vous ont été dénoncés, il y a une excessive exagération, et qu'ils tendent tous à abaisser, à dénigrer le caractère du créole français. (Murmures, exclamations.)

Il en résulte, messieurs, qu'il y a un parti pris dans cette Chambre contre les colons, et que, tandis qu'on écoute avec une faveur infinie et méritée les accusations qui sont portées contre des hommes qui sont à 2000 lieues de nous, on n'a au contraire que de l'impatience pour ceux qui viennent, non pas justifier, non pas défendre leurs actes, mais au moins les expliquer. Permettez-moi de vous dire que vous manquez aux règles de la justice à votre tour; vous opprimez la défense dans une certaine mesure. (Murmures.) Pourquoi cette indulgence pour l'attaque et cette sévérité pour la défense? (Nouveaux murmures.) C'est là seulement ce qui me fait rester à la tribune; c'est pour exercer un devoir de conscience que je m'y maintiens.

Je vous ai exposé les faits tels que je les connais, tels qu'ils m'apparaissent. Comme M. de Lasteyrie, je veux aller au fond des choses; comme lui, je déteste les fantasmagories, et je déclare que si, après avoir voté la loi du 19 juillet 1845, vous avez eu une arrière-pensée, vous avez espéré plus tard, par l'agitation, amener un autre ordre de choses, vous n'aurez pas été sincères dans votre vote.

J'ai combattu la loi de 1845, parce que je trouvais qu'elle n'avait pas été suffisamment préparée par des actes antérieurs.

Mais cette loi a été rendue et je m'y suis franchement rattaché parce que j'ai cru que ceux qui l'avaient provoquée en voulaient la sincère et pacifique application.

Si ces sentiments n'existaient pas dans la Chambre, mieux vaudrait l'émancipation immédiate, absolue, avec une indemnité qui préviendrait, dans une certaine mesure, la ruine du pays et celle des intérêts métropolitains qui y sont engagés.

Si vous faites bien, messieurs, de songer à des esclaves qui au moins ne manquent pas du nécessaire, songez qu'à l'heure où je vous parle il y a des milliers de blancs sans pain, sans ressource aucune, chassés de nos manufactures parce que le travail y manque. Le crédit nous manque aussi, car il n'y a pas de confiance dans la situation des affaires; sans crédit, il n'y a pas de prospérité possible. Aux colonies, il n'y a ni crédit ni confiance dans un avenir qui puisse le faire espérer, grâce aux perpétuelles accusations, aux propositions incessantes de changements de système qui partent de cette tribune.

Si le mal que la métropole n'éprouve que trop cruellement est aggravé par nos fautes au dehors, par des catastrophes dans les colonies où le monopole est réservé à notre industrie, au moins je n'aurai pas à me reprocher d'avoir gardé le silence, d'avoir courbé la tête devant la crainte de l'impopularité.

M. le président. La parole est à M. Ledru-Rollin.

M. Ledru-Rollin, Quel a été l'esprit des deux lois de juillet 1845 ? Adoucir immédiatement la condition intolérable des pauvres esclaves; arriver le plus promptement possible, par des moyens transitoires, par des mesures prudentes et ménagées, à une émancipation complète. Voilà bien, n'est-ce pas, messieurs, le sens incontestable de ses lois, pour tous ceux qui les ont votées?

Un fait vient de se produire. Une pétition nous est aujourd'hui présentée, revêtue d'un grand nombre de signatures recueillies dans tous les rangs de la société.

Qu'articule-t-elle? Que les lois de 1845 n'ont pas été exécutées; que, le fussent-elles, elles seraient impuissantes à amener l'abolition de l'esclavage: elle conclut, en conséquence, à l'émancipation immédiate; en quel termes? « En prenant ce dernier mot dans un sens raisonnable. S'il faut un certain intervalle pour les mesures préparatoires, il importe aux intérêts bien entendus de tous que cet intervalle soit le plus court possible. »

Voilà donc une pétition qui demande ce que les lois de 1845 avaient elles-mêmes pour but d'obtenir: l'abolition de l'esclavage le plus tôt possible.

Qu'a décidé votre commission? La commission, dans son rapport, a reconnu la vérité de tous les faits qui sont reprochés, et elle a conclu au renvoi à M. le ministre de la marine ainsi:

« La transition doit avoir un terme; un des devoirs les plus essentiels du gouvernement est de prévoir ce terme prochain, et de venir nous apporter, en temps utile, la loi qui doit le fixer; de régler les conditions de l'émancipation. »

Ainsi, la pensée qui domine votre commission et la décide à ce renvoi, c'est que les lois de 1845 étaient des lois préparatoires, des lois de transition, et que le gouvernement est obligé de présenter, dans un terme très bref et le plus rapproché possible, une loi sur l'émancipation absolue des esclaves.

A cela que répond M. le ministre de la marine? Deux choses : « Je m'oppose, dit-il, au renvoi, d'une part, parce que les lois de 1845 ont été exécutées loyalement, sincèrement; de l'autre, parce que l'exécution de ces lois peut suffire *longtemps encore* aux besoins de la situation; enfin, parce que le renvoi de la pétition au ministère jetterait de la perturbation aux colonies et pourrait empêcher peut-être la libre exécution des lois de 1845. »

Je vais examiner très rapidement les objections faites par M. le ministre. J'essaierai de démontrer qu'elles ne sont pas fondées, et que la Chambre, par esprit de justice et d'humanité, doit adopter les conclusions de sa commission.

M. le ministre prétend que toutes les dispositions des lois de 1845 ont été exécutées avec franchise et loyauté.

Pour apprécier cette assertion, demandons-nous tout de suite, messieurs, quels étaient les moyens d'action que M. le ministre avait pour faire entrer dans les mœurs les lois de 1845, pour combattre l'aveuglement des préjugés coloniaux. Les influences du gouvernement métropolitain, les voici : d'abord, les administrateurs, les conseils coloniaux, puis le clergé, l'instruction civile et religieuse, enfin la magistrature.

Quant aux administrateurs, je n'en dirai qu'un mot: les membres de la commission, d'après les faits constatés, ont pu reconnaître que la plupart d'entre eux, bien loin d'agir énergiquement dans le sens des lois de 1845, fortement imbus des préjugés au milieu desquels ils vivaient, ont presque toujours contribué à en combattre les améliorations, à en neutraliser les tutélaires effets.

Ainsi vous voyez, par exemple, un gouverneur de la Guadeloupe se montrer peu favorable au rachat forcé, et faire pressentir aux malheureux esclaves que cette loi sous laquelle ils souffrent tant encore, loin d'être un acheminement à la liberté, est un état à peu près définitif.

Et le gouverneur de la Martinique, M. Mathieu, que fait-il? Il arrête les discours prononcés; où cela? Dans la chambre des pairs; sur quoi? Sur la loi même qu'il a mission de faire respecter!

Il s'est tellement identifié avec les intérêts coloniaux, qu'en parlant des colons il dit : « nous, » et il assiste en grand costume, lui gouverneur, à un repas qui se donne à l'occasion de l'acquittement d'un créole traduit devant la justice pour des faits les plus graves et les plus répréhensibles.

Dans une autre colonie, un directeur de l'intérieur fait vendre une femme libre; puis, dans une autre encore, c'est un fonctionnaire qui achète un jeune nègre du Sénégal, sachant qu'il est libre, et le revend ensuite pour ne pas perdre l'argent qu'il lui a coûté. C'est un commissaire de police[1], emporté par la colère, qui

(1) Arrêt de la chambre des mises en accusation de la Basse-Terre, Guadeloupe.

« En ce qui touche Castès :

« Attendu qu'il résulte de l'instruction preuve suffisante que dans la journée du 14 mai 1846 le prévenu aurait autorisé ver-

frappe de ses propres mains une femme enceinte, et cela, dit l'arrêt de renvoi, avec une telle violence que l'émotion éprouvée par cette femme jeta dans son économie une perturbation dont les effets furent immédiats.

balement et par sa présence sur les lieux le commissaire de police Boréa à faire administrer à son esclave Dédée un châtiment pour des outrages par elle adressés à un garde de police; que, par suite de cette autorisation et de l'ordre de Boréa, cette femme, que Castès savait être enceinte de cinq mois et dont l'état de grossesse était d'ailleurs assez apparent pour la mettre à l'abri de tout châtiment corporel, aurait été attachée par deux nègres de la chaîne de police, Gérôme et Balcam, à une échelle, son ventre portant sur les barreaux, et aurait reçu de ce dernier, sur le corps nu, un certain nombre de coups de rigoise; que, pendant tout le cours de cette fustigation, Dédée aurait crié que cela lui portait au cœur; qu'enfin elle aurait rendu du sang au point de faire craindre un avortement, avortement qui n'a pas eu lieu grâce aux soins des médecins; — attendu que ce châtiment barbare et inhumain constitue évidemment des sévices en dehors des limites du pouvoir disciplinaire du maître prévus par l'article 9 de la loi du 18 juillet 1845.

« En ce qui touche Boréa :

« Attendu qu'il résulte de la même procédure que c'est Boréa qui aurait proposé à Castès le châtiment infligé à Dédée ; que ce serait par son ordre qu'elle aurait été attachée par les pieds et les mains à l'échelle où elle aurait reçu des coups de rigoise; que dès les premiers coups cette femme aurait demandé pardon à Boréa et lui aurait dit qu'elle était enceinte; que néanmoins, trouvant que Balcam ne donnait pas les coups avec assez de force, Boréa lui aurait arraché la rigoise des mains en le menaçant de le frapper lui-même; que Balcam n'aurait échappé aux coups de Boréa qu'en lui faisant observer que c'était la première fois qu'il fouettait; que Boréa, emporté par la colère, aurait de sa propre main administré plusieurs coups de rigoise à Dédée, et cela avec une telle violence que l'émotion éprouvée par cette femme jeta dans son économie

Voilà comment vos agents comprennent et exécutent les lois de 1845.

Parlerai-je des conseils coloniaux? l'honorable M. de Lasteyrie vous a dit comment les conseils coloniaux avaient combattu cette législation quelque peu

une perturbation dont les effets furent immédiats; — attendu que les violences et voies de fait reprochées à Boréa acquièrent d'autant plus de gravité qu'ils auraient eu lieu de sa part sans motifs légitimes, dans l'exercice de ses fonctions de commissaire de police, et qu'en cette qualité il était précisément chargé par la loi de les réprimer; que dès lors elles constituent le délit prévu et réprimé par les art. 186-198 du code pénal combinés avec l'art. 9 de la loi du 18 juillet 1845.

« Par ces motifs déclare qu'il y a lieu à suivre, etc. »

Me Quinel, défenseur de Castès, plaida que le châtiment infigé à Dédée n'était point illégal et qu'aucun texte de loi ne punissait le maître qui fouettait une femme enceinte.

Me Terrail, avocat de Boréa, le défendit avec une insolence ironique, qui alla jusqu'à invoquer les précédents de la cour. « Il y a un mois, dit-il en terminant, vous étiez appelés à prononcer sur un fait excessivement grave. Le sieur Lasalle, habitant, comparaissait ici, sous l'accusation d'avoir séquestré le sieur Gustave, d'avoir attenté à la liberté d'un homme libre en le faisant mettre à la barre de son habitation. Vous l'avez acquitté. Je ne comprends donc pas qu'on puisse venir aujourd'hui vous demander une condamnation; c'est un acquittement, un acquittement honorable que vous prononcerez et que j'attends avec pleine confiance! »

La criminalité de l'accusé était établie sur des preuves irrécusables, comme M. de Mackau l'a dit lui-même en parlant de l'affaire Jaham, mais le tribunal était composé de possesseurs d'esclaves.

La qualité des juges dit le jugement. Le membre du barreau Castès et le commissaire de police Boréa, qui fouette de sa propre main une femme enceinte, ont été HONORABLEMENT ACQUITTÉS, comme s'y attendait Me Terrail *.

* Pages 156 et suivantes de l'*Histoire de l'esclavage pendant les deux dernières années*, par V. Schœlcher, 1847.

bienfaisante; il vous a rapporté les paroles amères avec lesquelles ils la qualifiaient, et la commission elle-même a été obligée de constater que le concours que les conseils coloniaux avaient prêté à ces lois était au moins un concours fort équivoque.

Évidemment c'est là une expression parlementaire, et si, sous cette formule adoucie, on voulait trouver la vérité vraie, la vérité nue, on verrait que les conseils coloniaux se sont montrés aussi rebelles que possible à la réalisation pratique des vœux que vous aviez décrétés.

En passant, toucherai-je un mot, messieurs, de l'instruction civile? C'est ici que nous tournons véritablement dans un cercle vicieux? On nous dit : « Pas d'affranchissement pour les esclaves tant que l'éducation ne les aura pas élevés à la dignité d'hommes. » Et on vous a prouvé à la dernière séance que la France avait dépensé, non pas 3,900,000 fr., mais bien avec le vote de cette année 4,500,000 fr. Pourquoi faire? Pour apprendre à lire à douze enfants noirs. (Mouvement.) Quelle dilapidation, quel gaspillage ! l'argent est voté, dévoré, je ne sais comment ; mais la tyrannie des maîtres s'oppose à ce que ces pauvres petits enfants noirs profitent, pour la culture de leur intelligence, des sacrifices de la mère-patrie.

L'instruction religieuse vous vient-elle mieux en aide? Examinons comment le clergé des colonies répond à l'attente du gouvernement !

Là vous n'avez pas d'évêques inamovibles, mais des préfets apostoliques, messagers nomades livrés à l'influence des créoles, à l'arbitraire du gouverneur ; et ce clergé où se recrute-t-il? Au séminaire du Saint-Esprit.

Qu'enseigne-t-on à ce séminaire? Que la servitude n'offense ni la loi divine, ni la loi naturelle, ni la loi religieuse; que le commerce des nègres est licite; qu'un esclave ne peut s'enfuir sans injustice!

Et pour être conséquents à ces principes, vos prêtres des colonies possèdent des esclaves, les font battre, châtier publiquement; vous les voyez, eux, les prétendus ministres de l'égalité et de la fraternité, faire trois catégories dans leurs temples, et les séparer les unes des autres, les blancs, les mulâtres et les noirs. Ils publient des brochures contre l'émancipation, et si, d'aventure, il se rencontre parmi eux quelque ecclésiastique ami des pauvres noirs, il lui faut quitter la colonie. Ce n'est pas le clergé des colonies qui peut vous servir d'auxiliaire pour la moralisation des esclaves et l'exécution des lois de 1845.

Cette sévère mais juste appréciation de la conduite du clergé des colonies m'amène, par un contraste tout naturel, à rendre hommage aux membres du clergé de France qui ont signé la pétition qui vous est aujourd'hui soumise. C'est bien sans doute, mais ce n'est pas assez quand on pense au bien que pourraient faire à la cause de l'émancipation immédiate un tronc placé dans chaque église, une bourse ouverte pour recevoir la moindre obole.

Un membre. Mais le pape!

M. Ledru Rollin. L'appui que le gouvernement n'a su trouver ni dans ses agents, ni dans les conseils coloniaux, ni dans le clergé, l'a-t-il trouvé dans sa magistrature?

Ici, messieurs, j'aborde un ordre de faits et d'accusations tellement graves, que je ne hasarderai rien que sur des procédures, des procès-verbaux ou des arrêts.

Vous vous rappelez sans doute que, quand vous avez voté 400,000 fr. par an pour fonds de rachat, le ministère a déclaré, sur les interpellations de MM. Odilon Barrot, Pascalis et Dupin (écoutez bien ceci, c'est important), qu'aucun denier de cette somme de 400,000 fr. ne pourrait être employé à racheter des personnes libérées, émancipées par l'art. 47 de l'édit de 1685, article qui constitue ce qu'on appelle l'indivisibilité de la famille noire, et empêche qu'un mari et une femme et des enfants impubères appartenant au même maître puissent être *vendus* séparément.

On comprend la loi d'humanité qui a dicté cette disposition : c'est la sainteté de la famille jusque dans l'esclavage; mais ce que la loi a prévu pour le cas de vente, s'applique-t-il au cas d'affranchissement? le mari ou la femme affranchi aura-t-il son conjoint, encore exclu, dans la liberté; la mère libre privera-t-elle de ses soins précieux son enfant impubère resté dans les liens de l'esclavage? Quelques instants, sous l'abominable empire des préjugés créoles, cette question a fait doute; mais la cour de cassation l'a tranchée, au profit de la liberté, dans plusieurs de ses arrêts, et notamment dans un arrêt des chambres réunies, monument durable de haute raison et de touchante philanthropie. Je le répète, pour aucun jurisconsulte, pour aucune cour, cette thèse de droit n'est aujourd'hui incertaine. Eh bien ! messieurs, comme un grand nombre d'esclaves des deux sexes seraient affranchis gratuitement et par la force seule du droit, les colons résistent, et vos agents les encouragent dans cette barbare rébellion.

Pour ne pas faire perdre au maître le prix d'un esclave qu'il devrait libérer pour rien, l'administration, la magistrature coloniales, ont employé un misérable subterfuge. Ils appellent litigieux ce qu'il y a de moins litigieux au monde. Et, pour racheter cette liberté censée douteuse, on a recours au fonds de rachat de 400,000 fr., que vous avez déclaré cependant ne pouvoir s'appliquer à ce cas.

Voulez-vous que je vous dise jusqu'où est allée cette audacieuse forfaiture; vous allez en juger : sept cent quarante-quatre individus ont été rachetés à la Guadeloupe et à la Martinique, sur les 400,000 fr. par vous votés, et sur ces sept cent quarante-quatre affranchis, cent soixante-huit ont été payés à leurs maîtres, bien qu'ils fussent libres de par la loi, de par l'art. 47 de l'édit de 1685. (Mouvement prolongé.)

Messieurs, croyez moi, j'exciterais votre pitié si je vous disais par combien d'amertumes doivent passer ces pauvres femmes qui veulent être réunies à leurs enfants.

La réclamation ne peut être faite que par le ministère d'un avocat, et comme ordinairement l'avocat est créole, il refuse son ministère.

Alors il faut un certificat d'indigence ; mais le maire qui le délivre est créole, et il ne veut pas le délivrer.

Quelquefois, et nous en avons de tristes exemples, le magistrat qui n'aurait qu'à faire appliquer la loi intervient au profit du colon que lèserait un affranchissement légal, ne dédaigne pas de descendre jusqu'à négocier qu'une portion de pécule sera payée au maître, et la pauvre femme, usée par les formalités, épuisée par les fins de non-recevoir, meurt à la peine, loin de ses enfants. Il n'est pas rare de voir des affranchissements qu'en vertu de l'art. 47 on pourrait décider en un instant, ne se proclamer qu'après dix ans d'anxiété et de chicanes interminables. (Mouvement.)

Oui, c'est là une abominable forfaiture que de forcer cent soixante-huit individus à demeurer esclaves, en employant les sommes qui auraient servi à les libérer à racheter des hommes déjà libres de par la loi.

Vous connaissez les magistrats qui s'en sont rendus coupables, monsieur le ministre, et vous ne les avez pas fait descendre de leurs siéges (Agitation.)

C'est grave, messieurs; eh bien! j'arrive à des faits plus odieux. Et ce ne sont pas des assertions, comme le disait tout à l'heure l'honorable M. Levavasseur, qui, sous prétexte de défendre la liberté, m'a paru, contre son intention sans doute, soutenir singulièrement l'esclavage.

M. Levavasseur. Vous vous méprenez sur mes intentions.

M. Ledru Rollin. Je ne me méprends pas sur vos intentions; je ne parle que des faits; vous prétendiez que les détails qui ont été donnés n'étaient pas exacts, qu'ils résultaient de je ne sais quelles informations judiciaires plus ou moins dignes de foi. C'est quelque chose de plus significatif, ce sont des faits puisés dans des procès-verbaux non contestés, et dans les arrêts eux-mêmes dont M. de Lasteyrie vous a garanti l'authenticité et que je confirme à mon tour, car j'ai là sous la main extrait de ces procès-verbaux ou de ces instructions judiciaires. Je ne vous parlerai pas, messieurs, de ce qui arrive tous les jours aux colonies, d'un fait, par exemple, comme celui-ci : une vieille mère est attachée par les quatre membres, nue ; elle reçoit vingt-neuf coups de fouet ; son sang rejaillit sur qui ? Sur son fils, sur son propre fils, qu'on a contraint à tenir les mains de sa mère pendant ce supplice[1]. (Mouvement général d'indignation.)

(1) Les faits ont été jugés le 3 et le 4 février 1846 à l'audience de la cour royale de la Guadeloupe. Il y avait deux accusés, Crosnier et Gigon ; le premier, géreur ; le second, économe de l'habitation O'Connor, quartier de la Capesterre.

L'arrêt de la chambre de mise en accusation impute à Crosnier :

1° D'avoir fait donner des coups de rigoise à Monlouis, qui, à cause de son état de maladie, laissait languir le vesou* dans les chaumières ;

2° D'avoir fait mettre les fers aux jambes de cet esclave ;

3° De lui avoir attaché les mains derrière le dos avec des menottes, le jour et la nuit ;

4° De lui avoir donné un quatre-piquets ;

5° De lui avoir lié ainsi chaque pied avec de gros anneaux retenus par une courte chaîne ;

6° De l'avoir envoyé ainsi ferré travailler à la culture ;

7° De l'avoir détenu et mis aux fers pendant les heures de repos ;

8° De l'avoir attaché entièrement nu, pendant la nuit, à une barre de fer établie au milieu d'une chambre ;

9° D'avoir prolongé là sa détention pendant plus de quinze jours.

* Jus de canne.

M. de Lamartine. C'est vrai !

M. Ledru Rollin. Cela n'est rien encore, messieurs.

Je ne m'arrêterai pas non plus au spectacle de cette nourrice frappée à coups de bâton et blessée grave-

L'accusation constate que ces châtiments nombreux et rapprochés infligés à Monlouis ont amené chez cet esclave un état d'abattement et de démoralisation complet, un tel dégoût de la vie, qu'après avoir été d'abord en marronnage, il finit par chercher à se détruire, une première fois en se portant un coup de rasoir à la gorge, une seconde fois en essayant de se pendre avec un bout de corde qui soutenait ses fers. Ce fait acquiert d'autant plus de gravité que Monlouis, homme de mœurs douces et d'une grande piété, est marié et père de plusieurs enfants légitimes.

L'arrêt de la chambre de mise en accusation reproche encore à Crosnier :

1° D'avoir enchaîné Machère et Léonard après un quatre piquets;

2° De les avoir fait travailler enchaînés, les ramenant en prison aux heures de repos et pendant toutes les nuits;

3° D'avoir détenu Machère pendant trois mois et Léonard pendant deux mois à la barre de discipline.

D'avoir en outre :

1° Enchaîné Herminie et Belonie;

2° D'avoir prolongé la détention d'Herminie pendant plus de trois mois.

Herminie et Belonie n'avaient commis aucune faute, et ces châtiments ne leur auraient été infligés que dans l'espoir de ramener par ce moyen leurs enfants qui étaient partis marrons!

Crosnier pratiquait d'habitude cet odieux système de responsabilité, qui consiste à punir et à châtier les membres de la famille d'un esclave fugitif. C'est ainsi que l'accusation lui reproche encore d'avoir fait donner, après le départ de Monlouis, un quatre-piquets à ses parents Machère, Léonard, Andrise et Zabet.

Crosnier est de plus accusé d'avoir condamné à un quatre-

ment[1], de cette autre femme châtiée de vingt-neuf coups de fouet, seize jours après ses couches, et rentrant mourante à l'habitation[2]. (Nouveau mouvement.)

piquets de quinze coups de fouet la négresse Clarisse, âgée de soixante ans, mère de neuf enfants, et de l'avoir enfermée nue pendant une nuit.

Enfin le cruel géreur a encore à rendre compte de l'inhumation de ses cinq esclaves, Théodore, Raymond, Auguste, Parfait et Charlotine, enterrés sans la déclaration de décès ordonnée par la loi.

Quant à Gigon, l'arrêt de la chambre d'accusation lui impute :

1° D'avoir enfermé pendant trois nuits de suite Sophie, âgée de soixante ans, entièrement dépouillée de ses vêtements;

2° D'avoir fait infliger à Clarisse le quatre-piquets ordonné par Crosnier; d'avoir non-seulement assisté au supplice, mais souffert que Martin, FILS DE CLARISSE, fût mis au nombre de quatre nègres qui tinrent cette femme pendant l'exécution!!! Martin, lorsqu'on l'appela, s'écria : « Hélas! mon Dieu, contre la force il n'y a pas de résistance; je suis obligé de tenir « ma mère... » Malgré ces plaintes, Gigon permit que le misérable esclave coopérât à la flagellation de sa vieille mère, exposée nue à ses yeux, et lui tînt un des membres pendant que le commandeur frappait!!!

Tels sont les actes qui avaient motivé le renvoi des prévenus devant la *police correctionnelle.* Les débats justifièrent l'accusation sur tous les points, et cependant messieurs de la cour royale n'ont condamné que Crosnier à 500 fr. d'AMENDE, pour avoir prolongé la détention de plusieurs de ses esclaves au delà du terme légal[*]!

(1) Voir les détails de cette affaire page 331 de l'*Histoire de l'esclavage pendant les deux dernières années.* Il y avait deux coupables; le premier, le sieur O'Nell, a été condamné à 100 fr., et le second, le sieur Assié de Pompignan, à 250 fr. d'amende. (Police correctionnelle de la Martinique, session de janv. 1846.)

(2) Le sieur Lehimas était accusé :

[*] *Histoire de l'esclavage pendant les deux dernières années*, p. 524.

Qu'est-ce encore qu'un géreur qui tue un esclave? aux yeux de tous presque rien. Le maître à qui l'esclave importe peu, pourvu qu'il en ait l'argent, retient le prix de la victime sur les gages du géreur, et tout est dit. Le géreur, il est vrai, est traduit en cour d'assises; mais il est acquitté[1]. (Sensation.)

1° D'avoir soumis la femme Jenny à un châtiment corporel quinze jours après ses couches;

2° De n'avoir pas délivré à ses esclaves la quantité de vivres et de vêtements prescrite par la loi;

3° De ne pas leur accorder le repos fixé par les règlements, et d'exiger d'eux, à l'époque de la récolte, un plus grand nombre d'heures de travail que la loi ne le permet.

Les circonstances du châtiment de Jenny ne peuvent se trouver que dans l'esclavage. Cette femme est mère de neuf enfants. Lehimas les réunit tous; devant eux il la fait attacher sur une échelle par les pieds et par les mains; du bout de sa botte il lève lui-même tous les vêtements et il ordonne de frapper. Le commandeur, ému, représente que Jenny est nourrice. « Si je la tue, répond le bourreau, je l'enterrerai. » Toute la famille en larmes intercède, rien ne peut toucher ce misérable, et le sang coule bientôt des profonds sillons que le fouet creuse dans les chairs !... Le supplice s'accomplit jusqu'au bout.

Plus d'un mois après, le médecin juré a constaté sur le corps de *cette femme, mère de neuf enfants et nourrice,* « une trace noirâtre horizontale, d'un pied et demi d'étendue, au bas de la région lombaire; en d'autres endroits du corps treize autres traces présentant la même nuance et ayant la même direction, d'un pied de long, toutes ces traces indiquant que l'épiderme a été enlevé et la peau ecchymosée; neuf autres traces d'un demi-pied de long sur les deux cuisses, toutes indiquant que la peau a été entamée*. »

(1) *Gendarmerie de la Martinique.*

Trinité, 4 septembre 1844.

« Mon commandant,

« J'ai l'honneur de vous rendre compte qu'un vieux nègre

* *Histoire de l'esclavage*, etc., p. 385.

Ce sont là des faits qui vous émeuvent, messieurs, je le comprends, moi, qui souffre à vous les raconter, et cependant tous les jours aux colonies ils passent inaperçus. Hélas ! nous sommes loin de tout savoir, et que de martyrs inconnus recouverts par le sable brûlant de la grève !

Mais écoutez-moi, qu'une fois enfin la voix de l'humanité venge tant de victimes, car voici des crimes d'une bien autre nature.

nommé Armand, gardien de bœufs sur l'habitation Duvallon, au Marigot, est mort, il y a quatre ou cinq jours, par suite de châtiments excessifs.

« Voici comment :

« Les bœufs confiés à la garde de ce vieux nègre étaient attachés dans une ravine, lorsque, je ne sais par quelle circonstance, un de ces animaux tomba dans un trou ; aussitôt l'économe (le sieur Louis Garnier) arriva *et roua de coups de bâton et de coups de fouet le malheureux vieillard*, qui, à moitié mort, fut porté à l'hôpital, où il resta trois semaines environ, et où enfin il *succomba il y a quatre ou cinq jours.*

« Pour prouver ce que j'ai l'honneur d'avancer, je dirai que le sieur Duvallon, dès le lendemain de cette scène, chassa le sieur Louis Garnier *et lui retint*, dit-on, *ses appointements pour payer le vieux nègre s'il venait à mourir.*

« J'écris au brigadier Bedout de me faire connaître de plus amples renseignements ; mais, en attendant, la justice pourra, en toute sûreté, interroger le sieur Dussault, commis à la police au Marigot, et le nommé Alexandre, esclave cabrouettier de l'habitation Duvallon.

« J'ai l'honneur d'être avec un profond respect, mon commandant, etc.

« Le maréchal des logis, H. Commin *. »

Le sieur Garnier, traduit aux assises de Saint-Pierre, a été acquitté le 10 décembre 1844.

* *La Vérité et les faits, ou l'Esclavage à nu*, p. 79, par M. France, chef d'escadron de gendarmerie à la Martinique.

Vingt-neuf coups de fouet sont appliqués à une femme enceinte de cinq mois, dans quelle position? on la place en croix sur une échelle; on lui pose un billot de bois gros et court sous le ventre pour que son corps, ainsi repoussé en arrière et rendu saillant, reçoive plus sûrement les coups terribles qui lui sont assénés. L'avortement s'ensuit, et cette malheureuse est retirée presque mourante.

Ce n'est pas tout; les meurtrissures qui lui sont faites à la tête lui cassent trois dents, son œil droit est perdu, son oreille n'entend plus, et l'homme qui s'est montré envers elle plus cruel que le bourreau, plus inexorable que la guillotine, car sur le continent du moins le bourreau et la guillotine s'arrêtent devant l'innocente créature que la femme condamnée porte dans son sein; eh bien! aux colonies, cet homme est traduit en police correctionnelle, et est condamné à quinze jours de prison[1]! (Vive sensation.) Quinze

(1) *A Monsieur le gouverneur de la Martinique.*

Fort-Royal, le 30 juillet 1845.

Monsieur le gouverneur,

J'ai l'honneur de vous rendre compte, que des actes d'une féroce brutalité qui rappellent le moyen âge, ont eu lieu dans la matinée du 13 de ce mois, envers la nommée Himitée, esclave de l'habitation Massy-Massy du Vauclin, par le sieur Jules Dispagne, géreur de ladite habitation; et afin de vous mettre à même, M. le gouverneur, de juger de la nature de ces faits, et comment des hommes peuvent exercer de sang-froid de pareilles violences envers leurs semblables, je crois devoir joindre à ma lettre, la copie du procès-verbal rédigé par la gendarmerie du Vauclin.

Déjà, le 6 septembre 1843, une nommée Coralie, âgée d'environ 29 ans, esclave du même Jules Dispagne, a été arrêtée à Fort-

jours de prison, aux colonies; mais c'est, pour un meurtre commis par un blanc, presque le maximum de la peine; heureux encore pour la morale quand il n'est pas complétement acquitté.

Quelques-uns d'entre vous ont entendu parler du trop scandaleux arrêt rendu en faveur des frères Jaham.

Pour un motif léger, un d'entre eux fait appliquer vingt-neuf coups de fouet à une femme grosse, et dans ses blessures profondes et saignantes il verse une composition de piment et de jus de citron. (*Plusieurs voix*. C'est abominable!) Le même homme tue un jeune nègre.

Royal, ayant des fers aux pieds, de 3 à 4 kilogrammes, et des marques récentes d'un collier au cou; et malgré que cette femme nourrissait un enfant très chétif, son maître ne lui en a pas moins fait donner à la geôle un châtiment de 29 coups de fouet. Cette pauvre femme, dont le corps était en sang, s'était, à la suite de cette flagellation, refusée de le suivre, et a opposé à la gendarmerie, qui avait été requise pour la faire sortir de la prison, la plus vive résistance, en disant qu'elle préférait y mourir avec son enfant, plutôt que de retourner sur l'habitation de son maître (qui m'est signalé comme étant d'une cruauté inouïe envers les esclaves) qui la maltraitait, disait-elle, journellement.

Je suis avec respect, etc.

Le chef d'escadron, commandant la gendarmerie de la Martinique.

FRANCE.

Gendarmerie de la Martinique.

L'an mil huit cent quarante-cinq et le vingt-huit du mois d'avril, nous, Roy Pierre Joseph, brigadier de gendarmerie, commandant la brigade stationnée au Gros-Morne, et les gendarmes Gousse Antoine et Bernard Charles, certifions que le nommé Jean-Marie, esclave du sieur Férol-Deville-Duvergé, de la commune du Gros-Morne, est venu dans notre caserne, nous porter

Remarquez, messieurs, que tout ce que je vous dis ici est constaté dans une procédure et établi par des dépositions de blancs même, de voisins, qui, interpellés sur la foi du serment, parlent presque malgré eux et sont obligés de venir dérouler ce hideux tableau à la justice.

Donc l'un de ces frères Jaham fait manger à deux pauvres enfants des excréments d'hommes et d'animaux mêlés. (Exclamations diverses.)

A gauche. C'est constaté judiciairement.

plainte que son maître l'avait battu à *coups de bâton,* et qu'il lui avait fait donner un châtiment d'environ *cinquante coups de fouet* par le commandeur de l'habitation.

Nous avons visité l'esclave. Nous lui avons reconnu *plusieurs coups sur la tête où le sang avait coulé,* et il nous disait qu'il ne pouvait pas remuer les bras, des coups qu'il avait reçus. Nous avons vu aussi qu'il avait été châtié à coups de fouet, car il avait le milieu du corps tout machuré et plein de sang, dont il ne pouvait pas rester debout ni assis. Nous lui avons demandé quel jour il avait été châtié; il nous a dit que c'était le vendredi. Nous lui avons dit pourquoi il n'était pas venu de suite nous trouver; il nous a répondu qu'il ne pouvait marcher; car son maître, après lui avoir fait donner le châtiment, *lui a mis le pied sur le cou,* et lui a donné des coups sur les reins avec l'autre pied.

Nous avons de tout ce que dessus rédigé le présent procès-verbal pour être remis à qui de droit, dont une copie sera adressée à M. le chef d'escadron commandant la gendarmerie de la Martinique.

Fait et clos au Gros-Morne, les jour, mois et an que dessus, et avons signé.

BERNARD, GOUSSE, ROY.

Vu et enregistré au registre de la lieutenance sous le n° 66.

SCHENCK *.

* *La Vérité et les faits,* etc., pages 57, 59 et 61.

M. Ledru-Rollin. Il y a plus : un jeune nègre appelé Jean-Baptiste va prendre, dans un verger voisin, quelques fruits ; le propriétaire le saisit et l'amène chez le sieur Jaham, qui à l'instant tire son canif de sa poche, lui coupe le bout de l'oreille, qu'il le force à avaler avec un morceau d'igname imbibée du sang qui coulait de l'oreille mutilée. (Mouvement général d'indignation[1].)

Je ne crains pas de dire que ces faits ne seront récusés par personne. L'an dernier, les débats de cet horrible procès devaient être déroulés à cette tribune; l'un de nos honorables collègues a reculé devant l'odieux qu'ils lui inspiraient, et en menaçant le ministère de la publicité a essayé d'obtenir une réparation qui lui a été vainement promise. Moi aussi, j'ai hésité, pour l'honneur du nom français; mais enfin toutes ces douleurs sont venues frapper si fortement à mon cœur, que j'ai regardé mes scrupules comme de lâches scrupules; je me suis dit que ces actes de barbarie devaient servir la sainte cause de la liberté, et que notre renom d'humanité et de philanthropie était trop bien assuré pour qu'il pût être terni par quelques abominables exceptions. (*Sur tous les bancs.* Très-bien ! très bien !) M. le ministre de la marine avait promis au moins, comme compensation à ce monstrueux acquittement, l'expulsion des frères Jaham de l'île où ces forfaits avaient été commis. Eh bien ! je suis autorisé à dire, par un de nos honorables collègues,

(1) On peut voir le procès tout entier de cette horrible affaire page 299 de l'*Histoire de l'esclavage*, etc.

M. Ternaux-Compans, que l'auteur de ces atrocités y habite encore.

M. le ministre de la marine. Je répondrai[1].

M. Ternaux-Compans. Je demande la parole.

M. Ledru-Rollin. M. le ministre avait encore promis que ce qui resterait des malheureux esclaves de cette meurtrière habitation serait racheté et affranchi. Malgré cette parole solennelle, deux de ces esclaves seulement ont été rachetés par le gouvernement, les autres ont été vendus à l'encan. (Mouvement.) Après de telles tortures, il semble cependant que c'est là que votre fonds de 400,000 fr. aurait pu être utilement employé.

Je vous demande pardon, messieurs, de prolonger encore les douloureuses émotions sous l'empire desquelles j'ai été obligé de vous placer ; mais l'intérêt de la grande cause de l'émancipation exige de vos âmes ce nouveau sacrifice. Il est un dernier fait que vous devez connaître.

Sur le soupçon qu'un bœuf a été empoisonné par un jeune esclave, M. Humbert Desprez fait couper la tête de l'animal, la fait attacher au cou du jeune nègre, en déclarant qu'elle y restera jusqu'à ce que la putréfaction l'en ait fait tomber. (Sensation.)

Horrible supplice, messieurs, que ces miasmes de la mort s'infiltrant lentement dans l'organisme de la vie ! Quelques jours s'étaient à peine écoulés, que l'odeur fétide avait tué le pauvre esclave. (Mouvement d'indignation sur tous les bancs de la Chambre.)

(1) M. de Mackau, malgré cette interruption, n'a pas répondu.

Direz-vous que ce fait est inexact? Il a été constaté par un commandant de gendarmerie, M. France; c'était un brave militaire, qui avait pris au sérieux la responsabilité de sa position, et quand des actes comme ceux-là lui étaient dénoncés, il faisait son devoir.

Il gênait aux colonies: aussi lui a-t-on donné un congé malgré lui et dont il ne voulait pas profiter; on l'a fait embarquer de force; puis, une fois en France, on l'a fatigué, on lui a offert des compensations dont il n'a pas voulu, et on a fini par le mettre en retraite.

J'ai dit que cet horrible drame avait été constaté par procès-verbal; mais comment la justice a-t-elle suivi?

M. le juge d'instruction et M. le procureur du roi se sont rendus sur les lieux, accompagnés de gendarmes; ils ont dit aux gendarmes: « Attendez à la porte, nous entrons seuls. » Puis, en sortant: « C'est une affaire de rien, cela s'arrangera. »

On a, il est vrai, traduit l'auteur de ce raffinement de barbarie devant la chambre des mises en accusation; mais cette chambre, composée de magistrats tous créoles et d'un magistrat marié à une créole, a déclaré que ce n'était rien en effet, qu'il n'y avait pas lieu à suivre[1]. (Mouvement.) A de rares exceptions, voilà la justice des colonies!

(1) « Le 28 juillet 1844, l'esclave Adélaïde, mère de deux enfants jumeaux qu'elle nourrissait, ayant été trouvée endormie étant de garde, a subi, pour cette faute, le supplice du quatre-piquets. Cette malheureuse femme a en outre été maltraitée

Comment donc, vous, gouvernement, pouvez-vous prétendre que les lois de 1845 ont été exécutées? Fonctionnaires! contraires à la loi; conseils colo-

cruellement à coups de rigoises, après quoi elle fut jetée dans un parc à bœufs, d'où elle s'est esquivée, pendant la nuit, avec ses deux enfants pour se rendre à Fort-Royal. Elle s'est d'abord présentée, en arrivant dans cette ville, chez les dames Désouches, qui n'ont pu voir sans pitié et sans indignation son corps tout en sang et sillonné des coups qu'elle venait de recevoir; elle est allée ensuite chez le procureur général, qui, après l'avoir interrogée, l'a envoyée à la geôle, et enfin fait transporter le lendemain à l'hôpital, pour y recevoir les soins que réclamaient ses nombreuses blessures. Il n'a pas fallu moins de deux mois pour la guérir et la mettre en état d'être reconduite sur l'habitation de son oppresseur.

« Vers la même époque, un autre acte de cruauté raffinée a été commis sur l'habitation du sieur Humbert Desprez. Voici comment :

« Sur le soupçon qu'un bœuf, qui venait de mourir, avait été empoisonné par un de ses nègres, ce colon fit couper la tête de l'animal et obligea l'esclave, sur qui il faisait planer le soupçon d'empoisonnement, de la porter pendant les heures de travail de l'atelier sur sa tête et sur sa poitrine, jusqu'à ce qu'elle fût en complète putréfaction. L'odeur infecte qu'elle exhalait occasionna la mort de ce malheureux.

« Un mandat d'amener a été décerné contre le sieur Humbert Desprez, et la gendarmerie ayant été chargée de le mettre à exécution, en accompagnant M. Mercier, procureur du roi, et M. Poyen, conseiller auditeur, faisant fonction de juge d'instruction (magistrats créoles), a été, par ces messieurs, invitée à se tenir en dehors de l'habitation, et le lendemain, le maréchal des logis Rougé ayant été requis de s'y rendre avec un gendarme, mais avec la recommandation de n'arriver sur l'habitation qu'une demi-heure après ces magistrats, qui furent au devant de ce sous-officier en le voyant arriver, pour lui dire que c'était une affaire de rien.... qu'il pouvait se retirer....

« La chambre des mises en accusation, composée de MM. Jorna de Lacale, de Beausire et Troley, les deux premiers magistrats

niaux! contraires à la loi; éducation civile! nulle, paralysée par les maîtres; éducation religieuse! dirigée par un clergé qui croit à l'esclavage et qui le

créoles, le dernier qui a épousé une créole, ont aussi trouvé que c'était une affaire de rien.... en déclarant qu'il n'y avait pas lieu à poursuivre le sieur Humbert Desprez, lequel en a été quitte pour un peu de peur, à cause des atrocités dont il s'est rendu coupable envers ses malheureux esclaves....* »

Nous ne pouvons donner le texte de l'arrêt qui est intervenu dans cette épouvantable affaire, mais pour que le lecteur puisse avoir une idée des arrêts de non-lieu que prononce la magistrature coloniale, nous allons en transcrire un qui a été rendu à Cayenne, en mai 1846.

Qu'on lise d'abord le réquisitoire du procureur général.

« Vu la procédure instruite contre N...., âgé de trente ans, habitant propriétaire, ensemble le rapport de M. le juge d'instruction près le tribunal de première instance et l'avis motivé de M. le procureur du roi.

« Attendu en fait, qu'un certificat du docteur A.... constate que la négresse B...., appartenant à l'inculpé, a été frappée violemment par son maître, que cette femme avait les parties postérieures sillonnées de onze traces ecchymotiques, longues, étroites, résultant de l'application de coups de fouet ou de coups de rigoise; qu'une trace semblable existait *à la partie supérieure de la région sacrée antérieure;*

« Attendu qu'au moment où B... a été frappée par son maître, *elle était enceinte de six mois et demi à sept mois*;

« Attendu que l'état de grossesse, surtout quand celle-ci est très avancée, exige du repos, des ménagements; que le vif intérêt qui s'attache à toute femme qui se trouve dans cette position prend sa source dans les lois de la nature et de l'humanité; qu'infliger une forte correction à une femme enceinte, à l'aide d'un corps dur, cinglant et contondant, c'est mettre ses jours en péril, ainsi que ceux de l'enfant qu'elle porte dans son sein; qu'une telle conduite révolte les sentiments de la nature et se rapproche de l'état de barbarie.

« Requérons qu'il plaise à Messieurs composant la chambre

* Pages 101 et 102 de *La Vérité et les faits*, etc.

défend ; magistrature se faisant complice solidaire de faits tellement odieux qu'ils ont soulevé votre indignation.

Et il y a deux jours, je ne sais qui est venu dire ici : « Personne, dans cette enceinte, n'oserait s'élever pour demander l'abolition immédiate de l'esclavage ! » J'ai répondu : « Moi ! » Oui, moi, et aujourd'hui je pourrais dire : nous tous ; car, à part la question d'argent, que nous examinerons tout à l'heure, il n'y a pas un de vous, messieurs, qui, sous l'empire des sentiments d'indignation qui vous agitent encore, ne voulût à l'instant déposer son vote dans l'urne en faveur de l'abolition de l'esclavage. (Très bien ! très bien !)

des mises en accusation, renvoyer devant la cour royale, jugeant en matière correctionnelle, le prévenu N..., sous l'inculpation d'avoir exercé des traitements barbares et inhumains sur la personne de la négresse B..., délit prévu par l'art. 26 de l'édit de mars 1685, et l'art. 9 de la loi du 18 juillet 1845.

« Au parquet de la cour, Cayenne, 27 avril 1846.

ARRÊT.

« Vu les pièces de l'instruction suivie contre N... ci-dessus dénommé et qualifié ;

« Attendu qu'en ordonnant des poursuites contre les châtiments barbares et inhumains infligés aux esclaves, l'édit de mars 1685 n'a ni prononcé une peine, ni défini ce qu'il fallait entendre par châtiments *barbares et inhumains;* d'où il suit que le législateur a voulu laisser toute latitude aux tribunaux pour apprécier les faits et les punir d'une peine proportionnée à leur gravité ;

« Attendu que cette appréciation ne peut se faire d'une manière rationnelle qu'en prenant pour base ou les circonstances, et surtout les suites, les conséquence des sévices, ou l'illégalité des traitements ;

« Attendu qu'en envisageant l'espèce sous le premier point

Qu'opposent donc les colons à l'abolition immédiate? Deux choses.

On vous dit : « Les esclaves ne sont pas mûrs pour la liberté; ils ne sauraient se suffire eux-mêmes. » Pitié que ce raisonnement, messieurs. Quoi! quand il s'agit de leur conférer l'éducation, vous vous y refusez; quand il s'agit d'organiser le travail libre, vous vous y refusez, et vous dites qu'il ne faut les affranchir que quand ils seront instruits et dignes d'être travailleurs libres; c'est dire qu'il ne faut les affranchir jamais.

On reprochait, à cette tribune, à un de mes amis, M. Schœlcher, d'avoir écrit, il y a quinze ans, que les esclaves n'étaient pas en état d'être libérés immédiatement. D'abord, il y a dix-sept ans de cela, messieurs, et puis, qu'est-ce que cela prouve? Que ce n'est

de vue, il résulte de l'instruction que si N... a eu l'imprudence de sévir contre une femme enceinte, d'un autre côté *il a eu le soin de ne pas remettre au bras inintelligent d'un commandeur la tâche de réprimer la faute grave* dont la nommée B... s'était rendue coupable, il a *infligé lui-même le châtiment* pour être sûr que la punition serait modérée, et il résulte des certificats de l'expert médical que le petit nombre de coups donnés sur les parties postérieures n'a laissé aucune suite fâcheuse, et n'a pas mis un instant en danger la santé de celle qui les a reçus;

« Attendu, quant au second point de vue, que le châtiment était légal, et que, loin d'avoir dépassé les limites du pouvoir disciplinaire, il est resté en deçà de ces limites.

« Vu l'art. 229 du Code d'instruction criminelle, la cour dit que les faits reprochés à N... ne constituent ni crime ni délit; en conséquence, déclare qu'il n'y a lieu à suivre contre lui et le renvoie de l'inculpation.

« Fait et délibéré, etc.* »

* *L'Abolitioniste français*, 3e livraison de 1846.

pas un homme à théories anguleuses et déraisonnables ou à principes absolus; que, comme tant d'autres, il n'est arrivé au radicalisme en fait d'abolition qu'après avoir reconnu l'impuissance des transitions et des demi-mesures.

Au surplus, vous avez tronqué sa citation. Il ajoutait qu'il fallait que les enfants fussent tous émancipés, et que l'abolition générale fût fixée à quinze ou vingt ans au plus. Vous avez beau faire, vous ne pourrez jamais transformer en ennemi de l'abolition immédiate l'homme qui y a consacré ses forces et ses veilles, et qui en est un des apôtres les plus fervents.

Étaient-ils plus mûrs que les nôtres les 800,000 esclaves qu'a affranchis l'Angleterre? Comme nous elle était entrée dans les voies des transitions, et au bout de quatre ans elle a été obligée d'y renoncer; elle a reconnu que maîtres et esclaves y perdaient; les uns devenaient plus cruels, les autres plus malheureux. Sont-ils plus instruits, plus éclairés ces esclaves que le Danemark va élever à la dignité de citoyens? Le Danemark renonce enfin, pour l'abolition complète, à ces mesures provisoires tant vantées. Et sont-ils plus formés pour la civilisation les esclaves que la Suède a libérés, ceux que viennent de libérer Tunis et l'Égypte?

Ces esclaves ne sauront se suffire! Soyez convaincus qu'ils vivront mieux que maintenant, et si vous en doutez, visitez la Jamaïque, la Barbade, la Trinité, Antigue, Demerary; vous y trouverez partout l'activité, l'ordre, la moralité. Vos colonies des Antilles n'ont point un chemin de fer; des chemins de fer merveilleusement établis sillonnent tous les pays habités par ces hommes libres d'hier.

Encore quelques mots, messieurs, et j'ai fini. Je ne veux pas descendre de la tribune sans m'expliquer sur les incroyables prétentions que j'ai entendu l'autre jour afficher à cette tribune, et cela avec une assurance telle que j'en suis resté étonné.

On a dit : Vous, métropole, vous ne pouvez affranchir sans payer ; nous venons vous faire nos conditions ; vous les recevrez ou vous n'affranchirez pas. Langage superbe et présomptueux ! Mais, pour le tenir, est-on bien sûr de son droit ? Nous ne parlons pas du droit naturel, nous sommes tous d'accord sur ce point ; en droit naturel il n'y a rien à payer ; un crime ne peut enfanter un droit.

Voyons le droit écrit ; avez-vous des textes ? Vous invoquez, je le sais, les vieux édits, l'échange de services, qui a eu lieu entre vous et la métropole, dont vous avez défriché, premiers planteurs, les possessions lointaines ; mais une révolution a passé sur tout cela et brisé votre féodalité et vos priviléges, comme tous les priviléges et toutes les féodalités. Ce droit écrit a été biffé. Un décret de la Convention, cette immortelle assemblée qui défendait d'une main le territoire et de l'autre reconquérait les titres du genre humain, un décret de l'an II a déclaré libres tous les esclaves, les a faits citoyens et les a placés sous l'égide même de la constitution.

Maintenant, je sais bien qu'en 1802, Bonaparte, voulant se faire premier consul et aspirant déjà au pouvoir absolu, chercha à rallier tous les intérêts autour de lui ; c'étaient les émigrés d'une part, les colons ruinés de l'autre ; ceux-ci le touchaient de près par des affinités de famille.

Une influence surtout pesait sur lui, celle d'une femme excellente, mais qui, élevée aux colonies, ne considérait pas l'esclavage comme une calamité, tant cette horrible institution corrompt les meilleures natures. Bonaparte, par une loi de l'an X, après avoir promis aux Antilles de leur conserver la liberté et leurs droits, cédant à l'obsession de son entourage, rétablit l'esclavage et la traite.

C'était au moment où tant de résistances fatiguées, tant d'ambitions pressées portaient au nouveau César leurs hommages et leurs adulations, et pas une voix ne s'éleva, pas une seule, pour réclamer au nom de l'humanité méconnue. C'est là une loi passée sans discussion, qui ne se trouve même pas, je crois, dans les colonnes du *Moniteur ;* c'est un droit honteux et clandestin.

Le droit de la Convention proclamant les titres imprescriptibles de l'homme, et les élevant à la hauteur de la constitution même, a-t-il pu recevoir une atteinte sérieuse d'une loi secondaire ainsi faite ? C'est au moins l'objet de grands doutes, susceptibles toutefois de rendre les colons conciliants et modestes.

Est-ce à dire que nous ne voulons pas qu'on accorde de compensations ? Je n'ai pas dit cela, la France est une grande nation ; comme toutes les nations, elle a son intérêt, sa politique ; elle s'est toujours montrée équitable envers ses enfants, beaucoup trop même pour ceux qui ont vécu d'immunités et de priviléges. La France, sans s'engager quant à présent, examinera donc dans quelle mesure elle doit aider ses colonies, en quoi elles servent son commerce et sa marine, et alors on peut compter sur sa munificence, sur ses largesses; mais, pour un droit absolu, arrogant, intraitable, n'en parlez pas.

Non, non, l'esclavage n'a pas pu enfanter de droit, et si ce droit avait jamais existé, le décret de la Convention l'aurait brisé, et le traité de paix de 1814, qui a aboli la traite, aurait surabondamment prévenu les colonies. (Très bien, très bien!)

Cette digression rapide, messieurs, m'a éloigné de mon but; j'ai promis à M. le ministre de la marine de lui prouver que les lois de 1845 n'avaient point été exécutées; mais j'ai à lui démontrer maintenant que ces lois ne peuvent suffire pour longtemps encore, comme il le prétend, aux besoins de la situation.

Quoi! selon vous, cette loi, que vous nous aviez présentée comme transitoire, pourrait durer longtemps encore.

Mais ces tableaux déchirants que j'ai retracés à vos yeux, mais ces tortures inouïes dont nous avons compté les stigmates, mais ces cris que j'ai fait retentir jusqu'ici, comment! tout cela peut se reproduire, peut durer? Non, vous ne pouvez pas le vouloir. Comment! ce fouet qui déchire la chair des enfants, des femmes enceintes, ce fouet vous le laisseriez à l'orgueil insensé des créoles? Non, vous ne le pouvez pas si vous avez du cœur, et vous ne pouvez pas ne pas en avoir; et nous tous qui avons entendu ces choses avec émotion, nous ne pouvons pas ne pas avoir de cœur; la loi sera donc modifiée.

La loi durera telle quelle est faite! Comment cela se pourrait-il en présence des faits sauvages dont nous étions épouvantés tout à l'heure? Vous voudriez donc vous rendre, vous gouvernement du roi, solidaire de ces faits, puisque vous venez d'avouer que vos cours sont composées de telle sorte que vous n'avez que quatre magistrats, et qu'il vous faut trouver dans un assesseur colonial une cinquième voix pour condamner? Mais cette voix, vous ne la trouverez pas, vous n'aurez point de condamnation; et vous soutenez qu'une pareille loi peut subsister! Ah! permettez-moi de vous le dire, vous n'y avez pas suffisamment réfléchi; vous êtes meilleur que vous ne voulez le paraître, et quand vous y aurez réfléchi, vous direz comme moi que, pour l'honneur du nom français, cela ne peut durer. (Très bien, très bien!)

Je me résume. Les pétitionnaires ont demandé l'abolition immédiate dans le sens raisonnable du mot, en vous permettant de prendre les mesures préparatoires: c'est ce qu'a voulu la Chambre en 1845, c'est ce que la commission nous demande; que répondez-vous? « J'ai peur pour les colonies; j'ai peur que cela ne jette le désordre. » Détrompez-vous. Si vous entrez sincèrement dans l'exécution de la loi, vous n'avez rien à appréhender des noirs, ils espéreront. Mais vous avez tout à redouter de l'aveuglement opiniâtre des blancs. L'institution de l'esclavage les a dénaturés; il faut leur faire bien comprendre qu'il n'y a pas à marchander, que la métropole veut en finir avec l'esclavage. Ce qu'il faut montrer à nos compatriotes des colonies, ce n'est ni de la mollesse ni de l'hésitation, mais une volonté ferme et résolue. Nous les connaissons presque tous; nous avons été leurs condisciples ou leurs amis. Nous savons leur générosité, leur courage, leur intelligence. Pour la plupart ce sont de nobles natures, que la vue de l'esclavage pervertit. Périsse donc l'infâme institution qui les change ainsi. (Très bien!)

Monsieur le ministre, ne résistez pas plus longtemps aux vœux de la commission et aux nôtres; c'est de la force que nous voulons vous donner, pour que vous puissiez dire aux colons rebelles : L'opinion publique me presse, elle m'assiége, elle s'irrite, elle s'indigne; exécutez la loi, il n'y a plus à reculer, ou l'abolition immédiate est au bout. (Très bien! très bien!)

Ce n'est pas par opposition que j'appuie les pétitionnaires; c'est dans l'intérêt de l'humanité que je cherche, par mes faibles efforts, à vous communiquer une énergie qui vous est nécessaire.

Pour Dieu, ne dites plus surtout, je vous en conjure, que la loi, telle qu'elle est, peut encore durer longtemps. Pensez à ceux qui souffrent. Les plaintes qui ne nous arrivent qu'au travers des mers viennent à nous effacées, affaiblies, et je le regrette. La pensée se représente bien incomplétement des douleurs qu'on ne ressent pas.

Ah! pourquoi ne peut-il pas nous être donné de voir là, dans cette enceinte, au pied de cette tribune un de ces affreux spectacles; et alors, de tous les partis confondus, il ne s'élèverait qu'une voix pour la liberté. Messieurs les ministres, croyez-moi, hâtez-vous d'apporter un remède à cet état contre nature;

je ne veux point me livrer à de sinistres pressentiments, prévoir de lamentables collisions, mais ma mémoire me rappelle malgré moi cette sentence d'un vieux poëte : « N'opprimez pas le faible ; car les vapeurs d'où sort la foudre sont formées des larmes de l'innocence. » (Très bien ! très bien !)

M. Jollivet monte à la tribune. (Aux voix ! aux voix ! — La clôture !)

M. Jollivet. Je demande la parole contre la clôture. (Aux voix !)

C'est à la justice de la Chambre que je m'adresse. (Aux voix ! aux voix !)

Vous venez d'entendre un acte d'accusation contre la société coloniale.

Voix à gauche. C'est au ministre à répondre !

M. Jollivet. Serait-il juste de condamner les colons sans les avoir entendus ?

M. Crémieux. Ce ne sont pas eux qu'on condamne ; c'est l'esclavage !

M. Jollivet. On vient de dérouler devant vous un tableau d'atrocités et d'infamies...

M. le Président. Vous avez la parole contre la clôture.

M. Jollivet. Mes raisons pour m'opposer à la clôture sont que les faits dont on a parlé tout à l'heure sont complétement faux.

M. le Président. Dites inexacts !

M. Jollivet. Ils ont été démentis par la chambre d'accusation... (Murmures.)

J'insiste, et je répète : La chambre d'accusation a déclaré les faits faux en rendant des arrêts de non-lieu, qui ont repoussé le rapport du juge d'instruction.

A gauche. C'est tout simple.

M. Jollivet. Mais vous ne savez donc pas que la chambre d'accusation (la cour royale) est exclusivement composée de magistrats?

A gauche. Ils étaient juges et parties!

M. Jollivet. Quelle preuve invoque-t-on? Les procès-verbaux d'un officier de gendarmerie qui a été révoqué par le gouvernement. (Exclamations.)

Telle est la source où l'on a été puiser des accusations qui flétrissent nos populations coloniales. Vous ne pouvez pas les croire...

A gauche. Si! si! nous les croyons.

M. Jollivet. Comment, vous les croyez quand elles n'ont d'autre preuve que le procès-verbal d'un officier de gendarmerie destitué... (Interruptions.)

Voix nombreuses. C'est pour cela!

M. Jollivet. Et un rapport d'un juge d'instruction repoussé par la chambre des mises en accusation... (Nouvelle et vive interruption.) Est-il permis de croire sur de pareilles preuves? C'est une question que j'adresse à la conscience de la Chambre, à la sincérité de ceux mêmes qui veulent l'abolition de l'esclavage. (Bruit.) J'adjure M. le ministre de la marine et des colonies...

M. Allard. Laissez-le parler!

M. Dufaure. C'est au ministre à parler!

M. Jollivet. C'est ce que je désire, c'est ce que je demande. Je l'adjure de déclarer... (Nouvelle interruption.) J'adjure M. le sous-secrétaire d'État des colonies, qui siége à côté de M. le ministre de la marine et des colonies, et qui, comme lui, a gouverné une de nos principales colonies (la Guadeloupe), je l'adjure de déclarer si c'est là l'état vrai de la société coloniale. Comment! des colons élevés avec vous, dans vos écoles, que vous avez connus bons, humains, généreux, auraient perdu ces sentiments en quittant la France ! Vous les peignez comme des monstres, et je ne pourrais pas répondre aux infâmes calomnies dont vous vous êtes fait l'organe consciencieux, je n'en doute pas, mais avac une crédulité regrettable et sans preuves. (Vives réclamations.)

M. Ledru-Rollin. J'ai des preuves judiciaires!

M. Bureaux de Pusy. Il y a des jugements! Je demande la parole.

M. Jollivet. Voulez-vous connaître le véritable état de la société coloniale? N'exhumez pas du greffe des procès-verbaux et des rapports annulés par des arrêts de justice ; écoutez ce que vont vous dire M. le ministre de la marine et des colonies et M. le sous-secrétaire d'État, qui tous les deux ont gouverné nos colonies ; écoutez aussi M. le duc de Broglie.

M. d'Haussonville. Je demande la parole.

M. Jollivet. Vous placerez leur autorité au-dessus du témoignage d'un juge d'instruction et d'un commandant de gendarmerie.

M. Dufaure. Ce n'est pas à vous à parler, c'est au ministre. Toutes les règles des discussions parlementaires sont renversées! C'est au ministre à parler! (C'est évident!)

Un membre. M. le ministre a demandé la parole.

M. Dupin. Il ne suffit pas de demander la parole, il faut parler.

M. Jollivet. Je suis prêt à céder la parole à M. le ministre de la marine et des colonies, s'il la demande; je l'adjure de la demander, c'est son devoir, et j'espère qu'il n'y faillira pas; mais, en attendant, j'use de mon droit. Craignez-vous la vérité?

Voix nombreuses. Vous avez la parole contre la clôture; parlez contre la clôture.

M. le président. Vous avez la parole contre la clôture. Si la Chambre insiste, je serai obligé de la consulter. Insiste-t-on? (Non! non!) On n'insiste pas, continuez.

M. Jollivet commence une apologie des maîtres; mais constamment interrompu par les cris : aux voix! aux voix! il est obligé de renoncer à la parole.

Je voulais, dit-il, prouver par des documents officiels que les colons n'avaient pas refusé leur concours, que les décrets coloniaux étaient conformes à l'esprit et à la lettre de la loi du 18 juillet 1845. (Aux voix! aux voix!)

Messieurs, il sera constaté que je ne puis continuer. (Aux voix! aux voix!)

Je déclarerai du moins solennellement que les colons ont été accusés faussement :

D'avoir refusé leur concours à l'instruction religieuse des noirs; au mariage des noirs.

Je déclarerai que les conseils coloniaux ont été faussement accusés de n'avoir pas concédé de terrains aux noirs dans les termes et dans les limites de la loi de 1845; qu'ils ont été faussement accusés d'avoir entravé la formation du pécule, l'exercice du rachat;

Qu'ils ont affranchi volontairement, gratuitement, dans une seule année (en 1816), 2,180 noirs, tandis que les rachats forcés ne se sont élevés (le rapport au roi le prouve) qu'à 350.

Je prends acte, en terminant, de ce que les accusations dont les colonies ont été l'objet sont fausses[1], et de ce qu'une partie de cette Chambre ne m'a pas permis d'en démontrer la fausseté.

(M. Jollivet descend de la tribune.)

M. le ministre de la marine et des colonies. Je demande la parole. (Mouvement.)

M. le président. M. le ministre de la marine et des colonies a la parole.

M. l'amiral de Mackau, ministre de la marine et des colonies. La Chambre comprendra que j'aie besoin de répondre d'abord aux inculpations qui ont été dirigées par un des honorables préopinants contre les premières autorités chargées d'assurer dans les colonies un bon service. Puis, si la Chambre le permet, je lui dirai comment la loi de 1845 a été exécutée jusqu'à ce moment, ce qu'il y a à faire pour en compléter l'application, et j'arriverai ainsi à prouver ce que j'avais l'honneur de dire dans une séance précédente et ce qu'a rappelé l'honorable M. Ledru-Rollin, que, dans mon opinion, l'exécution loyale et complète de la loi de 1845 suffit à la situation des colonies.

(1) La Chambre, ordinairement fort susceptible, n'a pas paru s'apercevoir de tous ces mots, de *calomnies* et de *faux*, en les entendant sortir de la bouche de M. Jollivet. Personne dans l'assemblée n'avait oublié la position du député de la ville de Rennes comme délégué salarié des possesseurs d'esclaves, telle que l'avait signalée M. Lherbette dans la séance précédente.

M. Paul de Gasparin, rapporteur. Je demande la parole.

M. le ministre. Et quand je dis que, dans mon opinion, l'exécution de cette loi suffit à la situation des colonies, je n'entends lier en aucune façon l'avenir, ni les décisions que dans l'avenir les grands pouvoirs de l'État jugeraient à propos de prendre.

L'émotion que tous les membres de cette Chambre ont éprouvée en entendant la dernière partie du discours de M. Ledru-Rollin, je l'ai ressentie aussi vivement que personne.

Mais je crois que même la discussion de la meilleure des causes, que le désir d'arriver au plus saint des résultats n'autorise pas à venir dérouler *sans preuves*[1] devant une Chambre... (Réclamations.)

M. Ternaux-Compans. Je demande la parole pour un fait personnel.

M. le ministre. Je répète que je crois qu'un tel but, quelque élevé qu'il soit, n'autorise pas à porter devant la Chambre, devant le pays tout entier, *l'allégation* de faits aussi tristes, aussi déplorables[2].

M. Dupin. Quand ils n'ont pas été punis! (Mouvement.)

M. le ministre. Je le demande, si vous portiez à cette

(1) Aucun autre journal rendant compte de la séance ne mentionne les mots : *sans preuves.*

(2) Tous les journaux, tous sans en excepter les deux seuls qui passent pour recevoir les communications des maîtres, s'accordent à faire dire à M. de Mackau, contrairement au *Moniteur :* « ... N'autorise pas à porter devant la Chambre, devant le pays, la mention *de faits aussi tristes, et que pour ma part je déplore de toutes les forces de mon âme.* »

tribune le détail des crimes qui quelquefois affligent la métropole, n'y aurait-il pas aussi un bien triste tableau à mettre sous les yeux de la Chambre? (Mouvement.)

Un membre. Oui, mais ils sont punis!

M. de Rémusat. Il y a une justice qui punit en France!

M. le ministre. L'honorable député, à l'occasion de ces tristes circonstances, a fait peser sur la magistrature coloniale...

M. Dupin. Je demande la parole. (Mouvement.)

M. le ministre. Les plus graves accusations. La Chambre se rappellera dans quel système avait été conçu le premier projet porté par le gouvernement à la Chambre des pairs; elle se rappellera également la discussion qui a eu lieu ici. Le gouvernement, dans son projet primitif, avait proposé, pour la composition des cours d'assises aux colonies, une combinaison différente de celle qui a prévalu. Quels ont été les motifs qui l'ont déterminé à accueillir la proposition émanée de l'autre Chambre? Ce sont les considérations très élevées présentées par des magistrats qui font justement autorité, qui sont entourés de respect dans ce pays.

Dans le sein de la commission de la Chambre des pairs où ont été réclamées si vivement ces modifications, que nous avons dû accepter, siégeait M. le duc de Broglie. Voilà dans quelles circonstances a été arrêtée la composition des cours d'assises, telle que la loi l'a fixée en 1845; mais je déclare que si des faits aussi déplorables que ceux qui viennent d'être allégués à cette tribune devaient se reproduire (interruption), le devoir du gouvernement serait d'examiner[1]...

M. de la Rochejacquelein. Les faits sont-ils vrais? La question est de savoir si les faits sont vrais.

M. Jollivet. Ils ne le sont pas!

M. Crémieux. Quand on vous dit : « S'ils devaient se reproduire, » cela veut bien dire qu'ils sont vrais. (C'est évident!)

M. le ministre. Le devoir du gouvernement serait d'examiner s'il ne devrait pas être apporté d'autres combinaisons dans la composition des tribunaux criminels, et, pour ma part, je n'hésiterais pas un seul instant à provoquer l'adoption de mesures semblables. (Assentiment.)

Un membre. Qu'attendez-vous?

M. le ministre. De graves accusations ont été aussi produites sur la tendance qu'on suppose au clergé des colonies.

La Chambre sait que l'organisation de ce clergé est un objet qui ne cesse d'occuper le gouvernement. Je ne puis pas admettre que la tendance à laquelle l'honorable député a fait allusion existe réellement. J'ai eu sous les yeux un nombreux clergé à la Martinique, et le spectacle qu'il a offert dans toutes les circonstances importantes où il avait son influence à employer a été de nature à m'inspirer une parfaite confiance.

M. de Falloux. Je demande la parole.

M. le ministre. Dans une séance précédente, une pleine justice a été rendue à l'un des procureurs géné-

(1) Tous les journaux sont unanimes pour faire dire à M. de Mackau *apportés* au lieu d'*allégués*.

raux des colonies. Eh bien ! je dois déclarer que ce qui a été dit si justement à l'honneur du procureur général de Cayenne, est applicable aux procureurs généraux des trois autres colonies.

Plusieurs d'entre eux ont occupé en France des positions élevées, et ils ont quitté le service de la métropole pour aller porter dans les colonies les principes et les doctrines qui pouvaient le mieux y assurer une administration de la justice conforme aux dispositions et à l'esprit de la loi de 1845.

Les documents qui ont été distribués par le gouvernement à la Chambre établissent par des pièces officielles que, dans chacune des colonies, le gouvernement ainsi que la magistrature n'ont pas manqué aux devoirs qui leur étaient tracés.

Quant aux conseils coloniaux, assurément si, dans plusieurs circonstances, j'ai eu lieu de regretter de ne pas rencontrer en eux un concours complétement efficace, je dois dire cependant que, dans plusieurs circonstances aussi, les conseils coloniaux eux-mêmes ont manifesté un désir de rapprochement qui ne permet pas d'établir qu'il y ait lieu de leur imputer ce refus systématique de concours auquel il est fait allusion.

Je crois être bien plus près de la vérité en disant qu'il y a de leur part un commencement de concours, et je crois que, vis-à-vis des assemblées placées dans de telles situations, il appartient à la France de montrer un esprit de modération conforme à la puissance dont elle dispose.

Messieurs, le régime créé dans les colonies par la

loi de 1845 devait être mis en application au moyen d'ordonnances royales et par l'effet de décrets coloniaux.

Les ordonnances royales qui devaient porter sur la nourriture, le logement et l'entretien des esclaves, sur le régime disciplinaire, sur l'instruction religieuse et sur les formes relatives au rachat forcé ; ces ordonnances ont été rendues et sont en voie d'exécution dans les colonies. Deux ordonnances royales seules restent à rendre : elles sont en ce moment l'objet des soins du département de la marine.

Les décrets coloniaux qui devaient être concertés entre l'administration et les conseils coloniaux sont au nombre de quatre. Sur ces quatre décrets, préparés au ministère et envoyés à l'examen des conseils coloniaux, deux sont revenus d'une des colonies avec des modifications assez légères pour que le gouvernement puisse être conduit à les soumettre à la sanction royale.

Ainsi donc, relativement aux conseils coloniaux, j'ai le droit de dire qu'il y a eu de leur part un commencement de concours, une disposition au rapprochement, et qu'il y a lieu d'espérer que l'exemple donné par une colonie sera suivi par les autres.

Messieurs, aux reproches si graves qui ont été adressés de cette tribune aux premiers fonctionnaires des colonies, il m'appartient de répondre que je ne doute pas que leur dévouement à leur devoir ne contribue puissamment à l'exécution de la loi de 1845. Je suis persuadé qu'aucun effort de leur part ne fera défaut à l'exécution de cette loi, et quelque injustes que soient les reproches qui leur sont adressés, ils sauront surmonter tous les obstacles et mériter l'approbation de la grande majorité de cette chambre. (Aux voix! aux voix!)

M. le président. Si on continuait la discussion, la parole serait à M. de Tracy. (Aux voix! aux voix!)

M. Dupin. J'ai la parole!

De toutes parts. Parlez! parlez!

M. Dupin. Messieurs, ceux qui sont le plus opposés aux provocations à l'émancipation directe et immédiate des noirs devraient être aussi le plus disposés, non pas seulement à désirer, mais à exiger une exécution ferme, loyale, sincère et complète des mesures qui ont été jugées nécessaires pour préparer cet affranchissement. (C'est cela! — Très bien!)

On vous a révélé des faits plus qu'affligeants, et le ministre s'en est étonné... Et pourquoi donc cette tribune... (Très bien! très bien!) si ce n'est pour révéler toutes les énormités, toutes les infractions non réprimées?

Plus vos agents sont loin, quand il s'agit des colonies, quand il s'agit de l'Algérie ou des Antilles, plus le pays est loin, plus vous avez besoin que la main du gouvernement se fasse sentir jusque sur le territoire des abus; que la main-justice s'étende jusque sur les coupables les plus éloignés, et qu'enfin cette voix, qui ne retentit jamais en vain dans cette enceinte, la voix de la loi et de la liberté intimide ceux qui ne redoutent pas assez l'action du gouvernement. (Très bien!)

On vient nous dire que si de pareils faits se reproduisaient!... Est-ce donc que, aux colonies, on ne punit que les récidives? (Très bien! très bien!) Et n'est-ce pas trop qu'une fois, une seule fois, de pareils faits se soient produits, sans que l'on puisse ajouter : Ils ont été punis et réprimés! Que fait donc la justice des colonies? Et c'est après avoir entendu avec douleur les reproches dont cette magistrature a été l'objet que je crois nécessaire cependant d'en dire quelques mots avec sincérité, quoique avec ménagement.

Messieurs, nous ne connaissons guère la jurisprudence des colonies que par quelques rares pourvois qui amènent la cour suprême à connaître les décisions qui ont été rendues par les tribunaux des colonies, ou bien encore par les journaux qui révèlent les faits qui ont échappé ou à l'instruction ou à la condamnation.

Mais, je dois le dire, des tendances fâcheuses, funestes, affligeantes, se sont parfois révélées dans quelques arrêts, sur certaines questions fondamentales. Ainsi, par exemple, l'état des hommes de couleur, qui intéressait plus de vingt mille personnes dans les Antilles, a éprouvé les plus vives contradictions. Que de résistances pour reconnaître à ces hommes affranchis, libres, l'état de liberté qui leur était garanti par l'affranchissement! Il a fallu des arrêts, il a fallu des injonctions réitérées, le concours de l'opinion publique, et le retentissement de cette tribune n'a pas été sans une grande influence dans la balance, pour arriver à faire reconnaître tardivement, mais enfin à faire reconnaître à ces hommes l'état qui leur appartenait.

On résiste aux propositions d'un affranchissement

brusque et violent; je ne blâme pas cette résistance, mais au moins secondez donc les affranchissements légitimes et purement volontaires, et quand ils ont lieu, il faut leur donner effet. Eh bien! on a vu des arrêts résister même à la volonté des testateurs, même à des affranchissements réguliers. Il n'est pas de chicane, il n'est pas de mauvais moyens qui n'aient été quelquefois employés pour rendre sans effet ces affranchissements qui étaient le résultat de la volonté des maîtres.

On a vu des obstacles semblables apportés à l'exécution des lois qui ont pour but d'assurer l'indivisibilité de la famille des esclaves.

En effet, messieurs, il est un principe qui s'est trouvé conservé, même dans les lois de l'esclavage, car il n'a pas été au pouvoir du législateur, tout en constituant l'apparence d'une propriété civile, de détruire le droit naturel inhérent au cœur de l'homme; il n'a pas été possible à cette législation, quoique coloniale, quoiqu'elle portât le titre de *Code noir*, d'effacer tous les droits de l'humanité, dans les dispositions qui devaient régler le sort des esclaves. Il y en avait une qui proclamait l'indivisibilité de la famille de l'esclave, qui ne permettait pas de vendre isolément le mari et la femme, et surtout de séparer la femme de ses enfants impubères. Eh bien! il a fallu des arrêts de cassation pour faire respecter cette décision, pour empêcher que des enfants fussent arrachés à la mamelle de leur mère, pour qu'on ne pût pas vendre les uns sans les autres, pour qu'on ne pût les laisser à des maîtres différents. (Mouvement.)

Enfin, il y a eu des faits de sévices épouvantables, à la suite desquels se trouvaient des décisions portant qu'il n'y avait lieu à suivre; on remarquait ou l'absence de pénalités, ou des pénalités dérisoires; une indifférence désespérante pour des cruautés qui, le plus souvent, n'étaient considérées que comme l'exercice d'un droit légitime de la part des maîtres.

Je ne veux pas dire pour cela qu'il n'y ait pas eu aussi des actes de justice. Mais enfin j'ai eu souvent occasion de rencontrer de déplorables exceptions. Et notez bien que ces décisions dont j'ai parlé ne portent pas sur un fait isolé, mais que plusieurs, par leur nature, constituent des classes de questions, qui couvrent un grand nombre d'individus qui se trouvent dans les mêmes positions. N'y a-t-il donc pas à rechercher la cause de cette situation? et quand il y a de tels vices dans la jurisprudence, une telle absence de répression, suffira-t-il de dire douloureusement, comme M. le rapporteur, aux colonies, il n'y a pas justice complète! Cette réponse est désolante; est-ce donc qu'il y a du plus ou du moins dans la justice? Quand il n'y a pas justice complète, il n'y a pas de justice du tout. (Très bien! très bien!)

M. le rapporteur. C'est ainsi que je l'ai entendu.

M. Dupin. J'appelle l'attention de M. le ministre sur cette situation, et j'appuie le renvoi sous ce rapport, sur la composition et l'organisation des tribunaux des colonies; je dis les deux, la composition et l'organisation.

Il y a des organisations tellement vicieuses, tellement fautives, que, lorsque la marche du temps en a fait reconnaître les vices, il faut nécessairement y apporter des modifications.

Je crois qu'il en est ainsi pour l'organisation des tribunaux des colonies, surtout en matière criminelle, et en ce qui concerne le nombre et l'emploi des assesseurs. Il faut aussi que le gouvernement porte son attention sur la composition du personnel. Assurément je ne veux pas nier, et personne ici n'a prétendu qu'il n'y ait eu et qu'il n'y ait actuellement un grand nombre de magistrats recommandables dans les colonies ; mais enfin, tout en faisant la part des hommes qui font leur devoir, on peut rechercher les causes générales qui font que ce devoir n'est pas toujours rempli avec une suffisante énergie.

Messieurs, le peuple qui s'est le mieux entendu, non-seulement à conquérir, pour cela il suffit de battre, mais à conserver, et pour conserver il faut l'intelligence du gouvernement, le peuple romain défendait sévèrement aux magistrats qu'il envoyait dans les provinces conquises de s'y marier et d'y acquérir des propriétés, afin de ne pas se créer par là des intérêts de propriété et de famille, qui pourraient empêcher le fonctionnaire de faire son devoir et de répondre suffisamment à Rome de la sincère et loyale exécution des lois. Quelques anciennes ordonnances de nos rois ont établi des défenses analogues pour nos colonies. Mais ces dispositions si sages de l'ancienne législation sont tombées en désuétude ; c'est un malheur. Et cependant le gouvernement n'aurait pas dû être sans attention sur ce point.

Eh bien! d'après une note qui vient de m'être transmise par l'honorable M. de Lasteyrie, voici quelle était en 1845 la composition de la magistrature dans les colonies. On y comptait soixante magistrats créoles, dix-huit magistrats métropolitains mariés à des créoles, soixante magistrats métropolitains, qui, en partie, étaient des possesseurs d'esclaves.

Depuis, il y a eu trente-six nominations, dont 21 de créoles et 15 de métropolitains. Est-ce là une garantie d'indépendance et d'impartialité pour certaines questions? Que n'eût-on pas dit, si, quand il s'agissait parmi nous de la question si vive des domaines nationaux, on eût voulu la faire juger par ceux qui soutenaient qu'ils avaient été injustement dépouillés, qu'ils devaient être réintégrés? S'ils avaient été constitués les juges exclusifs à peu près de cette question, quel désordre n'en fût-il pas résulté dans l'État?

Il ne faut pas créer au juge une situation qui nuise à l'effet de sa justice; il ne faut pas que ses intérêts personnels puissent se trouver en opposition avec ses devoirs. Comment, messieurs! d'après nos codes, quand un juge a un procès sur une question semblable à celle qui est soumise à son siége, il est récusable, dans la crainte où l'on est qu'en jugeant le procès d'autrui, il ne soit préoccupé par la pensée d'établir un précédent pour juger plus tard le fait qui lui serait personnel.

Eh bien, si votre juge métropolitain, qui va dans les colonies pour y représenter la législation, l'esprit de la métropole, à l'instant même prend une position différente; s'il s'identifie avec ceux dont il doit surveiller la conduite et réprimer les excès, s'il devient possesseur d'esclaves, lui qui est envoyé avec la mission de protéger la liberté, vous voyez tout de suite ce que peut devenir son indépendance. (Sensation.)

Enfin je ferai une dernière réflexion, réflexion générale qui s'applique sans doute à des cas qui peuvent être rares, mais qui, dans leur rareté même, veulent être prévenus.

Je voudrais que les choix pour les colonies ne devinssent jamais, ne fussent jamais la suite d'une disgrâce. (Très bien!) Je voudrais que les magistrats qu'on envoie dans les colonies n'y fussent pas envoyés comme pour y faire un apprentissage, un essai, une étude; je voudrais qu'en leur promettant, s'il le faut, un plus fort traitement, de meilleures récompenses, quand ils auraient, pendant un certain temps, fait régner la loi et la justice aux colonies, en leur présentant l'espoir d'un avancement légitime et justement conquis dans la métropole; je voudrais qu'on choisît, à leur départ, les hommes les plus renommés, les plus équitables, les plus fermes et les plus recommandables par leur caractère et leurs antécédents. (Très bien! très bien!)

Je désire, d'ailleurs, que le régime de la magistrature, dans les colonies, rentre absolument sous la direction de M. le garde des sceaux. On ne doit pas rendre la justice aux colonies autrement qu'en France. « Toute justice émane du roi » dans toutes les parties du territoire. (Vive approbation.) C'est au ministre de la justice à assurer partout l'exécution des lois, à porter le même esprit dans la composition de la magistrature, à soutenir les magistrats, à les régenter quand il le faut, à stimuler leur zèle et à assurer les répressions ou les récompenses.

Je demande donc que la magistrature coloniale soit replacée sous l'autorité du garde des sceaux, et je désire que les observations que vous avez entendues, en ce qui concerne la magistrature coloniale, deviennent l'objet d'un très sérieux examen de la part du gouvernement.

Sous ce point de vue, j'appuie le renvoi. (Vive approbation.)

Voix nombreuses. Aux voix! aux voix!

M. de Gasparin, rapporteur. La Chambre est impatiente, je n'abuserai pas de ses moments. Je veux seulement lui dire dans quel ordre d'idées s'est placée la commission en vous proposant le renvoi des pétitions.

M. le ministre de la marine vous a dit tout à l'heure qu'il croyait que la loi suffisait et suffirait longtemps à la situation des colonies.

La commission a pensé que la loi ne suffirait pas elle-même à sa propre exécution si on lui enlevait son caractère. Le caractère de la loi de 1845, M. le ministre l'a dit lui-même dans le rapport qu'il nous a distribué, est un caractère préparatoire et transitoire. La commission a pensé que si vous prononciez l'ordre du jour sur ces pétitions, il serait interprété dans un sens contraire au caractère de la loi de 1845.

Voilà dans quel ordre d'idées s'est placée la commission. Je n'ai pas cherché du tout à la passionner. J'étais rapporteur, j'étais chargé de toutes les pièces. Je peux me rendre le témoignage que je ne lui ai soumis que le rapport de M. le ministre de la marine. Ce n'est pas que je blâme en aucune manière ceux de nos honorables collègues qui ont parlé de faits odieux à la tribune.

C'est là la plus juste, la plus légitime vengeance de la morale publique outragée. (Très bien !)

Vous me permettrez de terminer en rappelant quelques paroles de M. le ministre des affaires étrangères. Voici ce qu'il disait dans la séance du 14 mai 1844. J'applique ces paroles à la situation :

« Il ne faut pas qu'il reste à la suite de cette discussion, ni chez nous, ni dans nos colonies, aucun doute sur les intentions du gouvernement du roi ; il ne faut pas que l'on puisse dire aujourd'hui que la question a reculé au lieu d'avancer. Le gouvernement du roi a le ferme dessein d'accomplir dans nos colonies l'abolition de l'esclavage. Il faut que tout pouvoir, et dans nos colonies et dans la métropole, y travaille, et y travaille efficacement; nous arriverons au but, qui est, je le répète très haut pour que personne n'en doute, l'abolition de l'esclavage dans nos colonies. » (Aux voix! aux voix!)

M. Odilon Barrot. Je demande à dire un mot.

Qu'il me soit permis d'adresser à M. le ministre de la marine un dernier mot avant de clore cette discussion.

Lorsque nous avons voté la loi de 1845 comme mesure préparatoire, ainsi que M. le rapporteur vient de le dire, il y a surtout une disposition que nous avons tenu à insérer dans cette loi, parce qu'il s'agissait d'un fait qui n'était pas subordonné au bon vouloir des colonies ni au concours des autorités coloniales, mais à la simple volonté du gouvernement. Il nous avait semblé que l'accomplissement de ce fait, de la part du gouvernement, aurait été le plus éclatant témoignage de la ferme volonté de réaliser autant qu'il était en lui l'émancipation des esclaves et l'abolition de l'esclavage.

Il s'agit des esclaves domaniaux; car le domaine public de France possède et exploite des esclaves.

Il dépendait du ministre de faire cesser là l'esclavage sans aucun inconvénient. L'exploitation même sur le domaine public est placée sous la surveillance d'agents de toute espèce et de tout rang qui garantissent suffisamment l'ordre public. Il n'y avait là aucune objection possible contre cette disposition; elle était dans la pensée de la commission et en même temps dans les espérances que nous donnait M. le ministre de la marine.

Je demande ce que cette disposition fondamentale pour nous est devenue? quelle exécution elle a reçue? Je sais que des objections de propriété prétendue de la part des colonies se sont élevées; mais elles se sont évanouies devant les principes les plus élémentaires en matière de droit domanial.

Il n'y avait donc aucun motif sérieux pour que la mesure ne fût pas exécutée. J'insiste sur ce point; car, je le répète, un pareil exemple donné de haut par le gouvernement aurait eu plus d'influence pour les dispositions des colonies que toutes les mesures qui sont prises.

M. le ministre de la marine. Messieurs, depuis l'époque que vient de rappeler l'honorable M. Odilon Barrot, le département de la marine n'a pas perdu un seul jour pour mettre à exécution l'engagement que j'ai pris devant la commission, engagement, l'honorable M. Odilon Barrot s'en rappellera les termes mieux que personne, qui portait que d'ici à cinq années tous les noirs appartenant à l'État aux colonies, et dans quelque situation qu'ils fussent, seraient complétement libérés. Nous nous en sommes constamment occupés, et dans le rapport qui est distribué aux Chambres, j'ai porté à leur connaissance, que, sur quatre cent quatre-vingt-seize noirs existant alors, cent vingt-six sont aujourd'hui affranchis.

M. Jules de Lasteyrie. Je demande la parole.

M. le ministre de la marine. Je termine en disant à l'honorable député que nous ne nous arrêterons pas dans cette voie, et que non-seulement nous aurons atteint le but indiqué au terme des cinq années, mais que je ferai tous mes efforts pour que l'affranchissement complet des quatre cent quatre-vingt-seize noirs ait été effectué avant l'époque que j'avais fixée.

M. Odilon Barrot. Je l'espère bien!

M. le ministre de la marine. C'est l'engagement que j'avais pris et je le tiendrai.

M. Odilon Barrot. J'avoue que j'avais espéré qu'un délai de cinq années serait un délai que n'épuiserait pas M. le ministre.

M. le ministre de la marine. Mais c'est précisément ce que j'ai dit. (Aux voix! aux voix!)

M. Jules de Lasteyrie. Je demande pardon à la Chambre si j'arrête son attention un moment, mais il y a un chiffre que vient d'émettre M. le ministre de la marine et qui m'a étonné. Ce ne sont pas 496 esclaves que possèdent les domaines, c'est 1,200.

M. Galos. Ce sont les esclaves ruraux dont on parlait.

M. le ministre. C'est une question de bonne foi, nous sommes de parfaite bonne foi les uns et les autres.

M. Jules de Lasteyrie. Ce sont tous les esclaves appartenant au domaine qui seront délivrés.

M. le ministre. Tous.

M. Jules de Lasteyrie. Cela exigeait une rectification, le chiffre 496 pouvait induire en erreur.

M. le ministre de la marine. J'ajouterai, pour que l'honorable M. de Lasteyrie soit parfaitement rassuré à cet égard et qu'il n'y ait aucun doute dans son esprit, que si nous nous sommes occupés très activement de l'affranchissement de ces 496 noirs non ruraux, nous avons apporté la même activité à ressaisir la gestion des habitations domaniales dont M. Barrot parlait tout à l'heure, et sur lesquelles les esclaves ruraux sont employés. Notre but est de donner sur ces habitations l'exemple du travail libre, et d'y faire des applications de cultures profitables aux colonies. (Aux voix! aux voix!)

M. le Président. La commission a proposé de renvoyer les pétitions relatives à l'abolition de l'esclavage dans les colonies à M. le président du conseil et à M. le ministre de la marine et des colonies. Il n'y a pas d'opposition? Le double renvoi est prononcé.

M. Dupin. J'ai demandé aussi le renvoi à M. le garde des sceaux.

M. le Président. Il n'y a pas d'opposition, le renvoi à M. le garde des sceaux est également ordonné.

Séance du 7 mai 1847.

Crédits supplémentaires et extraordinaires sur l'exercice 1847.

MINISTÈRE DE LA MARINE.

« Chap. XXIII. Dépenses des colonies de la Martinique, de la Guadeloupe, de la Guyane française et de Bourbon (service général), 24,000 fr. »

M. le Président. La commission demande le rejet de ce dernier chapitre concernant la création de nouveaux emplois du ministère public à la Martinique, à la Guadeloupe et à Bourbon.

La parole est à M. le ministre de la marine.

M. de Mackau, ministre de la marine. Messieurs, je demande à la Chambre de vouloir bien ne pas admettre la réduction qui est proposée par son honorable commission.

Dans toute autre circonstance que celle où se trouvent les colonies, je ne combattrais pas le principe qui est posé dans le rapport de l'honorable rapporteur au nom de la commission.

Comme la commission, je suis tout à fait d'avis qu'une dépense nécessitée par un accroissement de magistrats qui doit être permanent serait mieux placée dans le projet de loi relatif au budget que dans un projet de loi de crédits extraordinaires; mais la Chambre sait combien il est important que la surveillance confiée dans les colonies aux officiers du parquet soit étendue et multipliée. Dans les circonstances actuelles, nous avons un intérêt plus puissant encore à ce que cette surveillance soit complétée et ne soit pas un instant interrompue; et comme il nous serait très facile, si la Chambre accordait le crédit, de faire arriver à leur poste dans les colonies, avant le 1er juillet de 1847, les six substituts de procureur général et de procureur du roi dont il est question, je prends la liberté d'insister auprès de la Chambre pour qu'elle veuille bien ne pas admettre la proposition de réduction qui lui est faite.

M. Allard, rapporteur. Messieurs, je crois devoir insister devant la chambre, au nom de la commission, pour que la réduction que nous avons proposée soit maintenue.

Que vous demande-t-on dans le projet du gouvernement? On vous demande de créer des substituts nouveaux, destinés à augmenter le personnel des parquets des procureurs généraux de la Guadeloupe, de la Martinique et de Bourbon, ainsi que ceux des procureurs du roi dans les mêmes résidences.

La commission des crédits supplémentaires de l'année dernière voulant donner à la loi du 18 juillet 1845, sur le régime des esclaves, tous les moyens d'exécution qui étaient compatibles avec l'état des choses, avait déjà voté des crédits dans le but d'accroître, dans une grande proportion, le nombre des ecclésiastiques et des congrégations religieuses qui se trouvaient déjà aux colonies. Elle avait fait plus : elle avait créé dans les quatre colonies treize justices de paix.

Il semblait, à cette époque, qu'on avait pourvu à ce que tous les besoins pouvaient exiger.

Nous nous sommes demandé si des besoins nouveaux s'étaient révélés depuis ; nous n'en avons trouvé la révélation nulle part. De plus, nous avons pensé que ces créations n'avaient aucun des caractères qui pouvaient faire admettre une dépense par voie de crédits supplémentaires ou extraordinaires ; c'est une dépense permanente qui doit trouver sa place dans le budget, et qui ne peut être utilement examinée que par la commission du budget, qui pouvait seule en apprécier l'utilité, au point de vue de l'ensemble de la magistrature coloniale. Nous n'avons aperçu aucune urgence qui nous portât à déroger à cette règle.

Nous avons été plus loin : nous pensons que ce n'est pas aujourd'hui la quantité qui importe le plus à la magistrature coloniale, mais bien la qualité. (Oui ! oui ! — C'est vrai !) Je m'en rapporte à cet égard à une discussion récente qui a eu lieu dans la Chambre ; tout le monde est tombé d'accord à cet égard, qu'il y avait à pourvoir à la qualité avant de s'occuper d'augmenter la quantité. (Assentiment.) C'est là le motif principal qui nous a engagés à écarter ce crédit jusqu'à ce que la commission du budget, saisie de la même question, se fût prononcée et nous eût fait connaître son avis. Du reste, s'il était permis d'anticiper sur les résolutions de la commission du budget, je croirais pouvoir annoncer par avance à la Chambre que cette commission a déjà rejeté le crédit.

M. Galos, commissaire du roi. Je demande à faire remarquer que l'observation de l'honorable M. Allard porte sur un ordre de faits qui est complétement changé.

Lorsque, l'année dernière, nous avons demandé l'augmentation des officiers des parquets pour les colonies, nous n'avons nullement compris les créations auxquelles donneraient lieu les mesures nouvelles, conséquences de la loi du 18 juillet 1845.

Si l'honorable rapporteur veut vérifier les faits, il verra que la demande de crédit qui a été faite l'année dernière était destinée à un deuxième substitut du procureur du roi à Cayenne et à un deuxième substitut du procureur du roi à l'île Bourbon.

M. le Rapporteur. Et à treize justices de paix !

M. le Commissaire du roi. Oui, à treize justices de paix.

Maintenant, voyons ce qui s'est passé à nouveau, quels sont les faits qui se sont produits et qui ont rendu indispensable la demande d'un crédit supplémentaire.

L'honorable rapporteur doit savoir que, lorsque le budget de 1847 a été présenté aux Chambres, il a été rédigé à une époque où les ordonnances et les règlements nouveaux qui sont intervenus n'existaient pas encore, n'étaient pas promulgués dans les colonies; ce n'est qu'au mois de mai 1846 et au mois de juin de la même année que les ordonnances relatives à l'entretien des esclaves, à l'instruction élémentaire et religieuse, au régime disciplinaire, ont été émises, et ce n'est que trois mois plus tard qu'elles ont été promulguées aux colonies.

Eh bien! c'est à la suite précisément de ces règlements nouveaux, des ordonnances émises pour l'exécution de la loi du 18 juillet 1845, que le besoin de fortifier les parquets s'est fait sentir dans les colonies.

A l'occasion de l'application de ces règlements nouveaux, nous avons reçu des gouverneurs des correspondances qui témoignent de la manière la plus précise et la plus nette que si l'on ne fortifie pas le ministère public dans les colonies, les gouverneurs et l'administration se trouveraient dans l'impossibilité de justifier la confiance des Chambres, quant à l'exécution des mesures relatives au patronage. Il s'agit donc d'un besoin des plus impérieux, et si le crédit venait à être refusé, soit pour 1847, soit pour 1848, on compromettrait gravement l'œuvre à laquelle les Chambres ont voulu donner une si salutaire impulsion.

Maintenant on fait observer qu'il ne s'agit pas seulement de multiplier le nombre des officiers ministériels, mais qu'il faut les bien choisir.

Je profite de l'occasion pour repousser certaines allégations qui ne sont pas fondées.

Depuis la loi de 1845, le département de la marine s'est identifié complétement aux vues des Chambres et du gouvernement. Il a eu le soin, dans les nominations qui sont intervenues, de faire la part la plus large à l'élément métropolitain. Si les honorables membres qui peuvent avoir quelques doutes à cet égard veulent porter leur attention sur les chiffres que je puis produire, ils verront qu'en effet c'est l'élément métropolitain qui a dominé dans les promotions et dans les avancements qui ont eu lieu. Le département de la marine s'est dirigé par cette conviction qu'il était nécessaire d'infuser dans le corps de la magistrature coloniale cet esprit qui anime et les Chambres et l'opinion publique en France.

Je citerai pour exemple ce qui a été fait pour la tête de la magistrature coloniale. Le procureur général de la Martinique est un avocat général qui a été pris dans l'une des cours royales du royaume. Le procureur général de la Guadeloupe est également un avocat général emprunté aux rangs élevés de la magistrature métropolitaine.

Je dois ajouter que le procureur général de Bourbon mérite de figurer sur le même rang que ses deux collègues. Certes, personne ne peut mettre en doute son dévouement et son zèle pour les vues et les idées qui agissent sur l'esprit des Chambres et du gouvernement; M. Barbaroux est un des hommes qui ont le plus contribué à fournir au gouvernement les éléments du régime intermédiaire que nous cherchons à établir dans les colonies[1].

Enfin, tout le monde ici a rendu justice au procureur général de Cayenne; tout le monde a reconnu

(1) L'homme dont M. Galos fait ici le pompeux éloge, marié à une créole, et propriétaire d'esclaves, a dit, au milieu d'une instruction donnée aux procureurs du roi de son ressort, le 30 juillet 1840 : « Dans l'état actuel d'adoucissement des mœurs « et d'avancement des lumières, l'esclavage n'est plus guère « qu'une tutelle qui a pour compensation de ses peines le tra- « vail de l'esclave. Cependant elle engendrerait la plus grave « perturbation si le maître n'avait pas les moyens d'obliger au « travail et de réprimer les manquements à la discipline *. »

* Exécution de l'ordonnance du 5 janvier 1840. — Publication du gouvernement, avril 1841.

son zèle, son dévouement, sa vive investigation dans tout ce qui pouvait nous assurer l'organisation et l'exercice du patronage.

Ainsi voilà dans nos quatre colonies les procureurs généraux, c'est-à-dire ceux qui sont la tête de la magistrature, ceux qui peuvent lui donner l'impulsion, ceux qui peuvent lui inspirer les sentiments qui nous animent ici tous, voilà ces quatre procureurs généraux qui sont tout à fait placés au même point de vue que nous.

Maintenant je dirai que, dans la magistrature, toutes les promotions et tous les avancements ont été faits de concert entre le département de la marine et M. le garde des sceaux, à ce point de vue qu'il ne fallait pas seulement tenir compte du mérite judiciaire, mais qu'il fallait en même temps se préoccuper beaucoup des idées et des vues qui dirigeraient ces magistrats dans l'exercice de leurs fonctions. C'est à ce double point de vue que toutes les promotions, que tous les avancements ont eu lieu depuis 1845.

J'ai besoin d'ajouter un mot au sujet des justices de paix, et je tiens à ce qu'il soit recueilli par la Chambre.

Ces justices de paix ont été créées depuis 1845. Eh bien! pour les juges de paix, qui doivent jouer un rôle si important dans l'application du patronage, dans l'exercice de ces investigations multipliées et incessantes que nous voulons faire pénétrer dans les habitations dans l'intérêt de la classe esclave, nous nous sommes préoccupés de leur choix. Sur onze créations de justices de paix, nous avons désigné neuf métropolitains et seulement trois colons; et sur ces trois colons, je crois pouvoir dire qu'aucun ne possède dans le ressort où il exerce sa justice de paix.

Voilà, messieurs, les explications que je tenais à donner à la Chambre. On a élevé beaucoup de doutes, beaucoup de méfiances à l'égard de la magistrature coloniale. Je dis que quand on voudra embrasser dans un ensemble de récriminations et d'accusations le corps de la magistrature coloniale, on court risque d'être injuste. Il y a des magistrats qui se conduisent avec fermeté, avec dévouement, avec zèle, et je recommande spécialement à la Chambre de ne pas les décourager en frappant d'une réprobation générale le corps de la magistrature coloniale.

M. Quinette. Il est très fâcheux que l'honorable commissaire du roi n'ait pas donné ces développements quand on a discuté la situation de la magistrature coloniale; ils eussent trouvé là parfaitement leur place. Je demande la permission de faire observer à la Chambre qu'ils ne la trouvent pas avec autant d'opportunité dans la question qui nous occupe.

De quoi s'agit-il? Il s'agit de créer par anticipation un service permanent par voie de crédits supplémentaires. Eh bien! c'est un des principes que la Chambre a le plus constamment maintenu, le refus de créer aucun service permanent par voie de crédits supplémentaires.

Cette raison ne suffirait-elle pas pour une question qui n'est pas urgente, il y en aurait une seconde. La question est portée devant la commission du budget, qui est chargée d'examiner l'ensemble des services.

C'est à elle que doit appartenir de présenter la proposition à la Chambre avec tous les éléments nécessaires d'examen et de discussion. Il nous a été dit que la commission du budget ne serait pas favorable à cette nouvelle création.

Dans cette situation, il n'est pas possible, je crois, il ne serait même pas juste d'insister. Je crois qu'il est plus naturel et plus convenable de s'en rapporter à la discussion générale qui aura lieu lorsque le budget viendra. Il n'est pas possible que la Chambre veuille, par une voie détournée, admettre un service permanent.

M. Allard, rapporteur. Je voudrais faire remarquer à la Chambre, afin que le gouvernement ne persévérât pas dans un précédent fâcheux, qu'il n'est bon pour personne que deux commissions soient chargées en même temps de donner des solutions sur la même question.

Ainsi, la création de la magistrature coloniale se trouve en ce moment pendante devant la commission des crédits supplémentaires et devant la commission du budget, en sorte que si l'une de ces commissions prenait une décision contraire à celle de l'autre, il se produirait dans la Chambre une sorte de conflit qui pourrait exposer la Chambre à prendre, à de courts intervalles, des décisions diamétralement contraires dans la même question. C'est un point sur lequel nous ne saurions trop appeler la sérieuse attention du gouvernement.

Plusieurs voix. Alors il faut demander l'ajournement.

M. Jules de Lasteyrie. Il y a deux raisons dominantes pour ne pas voter dans les crédits supplémentaires l'allocation qui vous est demandée.

La raison qui vient d'être développée par M. Quinette et par M. Allard, à savoir qu'une dépense permanente doit être votée par la commission du budget, et que c'est complétement fausser l'esprit des lois de crédits supplémentaires que d'introduire par leur moyen des dépenses permanentes.

En second lieu, il n'y a pas ici une urgence telle qu'on soit à six mois près, et que l'intérêt du service judiciaire dans les colonies ait beaucoup à souffrir, si c'est seulement sur l'exercice de 1848 que vous décidiez cette question de la magistrature ; mais il y a une raison plus grave sur laquelle j'appelle l'attention de la Chambre.

Il ne convient pas dans ce moment de discuter des faits qui ont été produits tout à l'heure devant la Chambre par M. le commissaire du roi. J'avoue même que j'étais dans une commission, et que, ne sachant pas que la Chambre était réunie, je suis arrivé à la fin de son discours ; mais enfin qui ne sent, qui ne croit, qui ne sait que le gouvernement a pris l'engagement moral de faire des modifications considérables dans la composition des cours d'assises aux colonies. Eh bien ! c'est avant que le gouvernement ait développé son opinion sur une question si importante de justice et d'humanité qu'on veut augmenter la magistrature coloniale. Je dis que cela est impossible ; si le gouvernement ne s'explique pas aujourd'hui sur ce point, s'il veut garder des réserves, je dis qu'il faut que la

Chambre, par ces raisons, attende pour voter sur la question la discussion du budget. (Adhésion à gauche.)

M. le Président. Le gouvernement a demandé une somme de 24,000 fr. pour la création de nouveaux emplois dans la magistrature coloniale : la demande du gouvernement est repoussée par la commission.

Je consulte la Chambre.

M. d'Haussonville. Je demande la parole.

Messieurs, comme notre honorable collègue, j'arrive d'une commission, je ne sais pas au juste ce qui vient de se passer ; cependant je demande à soumettre à la Chambre quelques observations qu'elle prendra, je l'espère, en considération.

Le vote qu'elle va émettre, quel qu'il soit, est très grave. Il est grave, dans les circonstances actuelles, surtout à la suite de la discussion récente qu'aucun de vous n'a pu oublier. Nous avons dernièrement renvoyé à M. le ministre de la marine des pétitions qui demandaient l'abolition immédiate de l'esclavage. Bien certainement il ne peut être dans l'opinion d'aucun de nous de demander à M. le ministre de devancer l'époque où cette grande mesure sera possible. Mais nous avons, si je ne me trompe, recommandé à la sollicitude de M. le ministre de la marine plusieurs mesures qui étaient indiquées dans le rapport de notre honorable collègue M. de Gasparin. C'est surtout ce rapport, si je puis m'exprimer ainsi, qui a été renvoyé à M. le ministre de la marine. Je dois donc solliciter de sa part quelques explications sur ses intentions : j'espère qu'elles seront précises et loyales, comme il lui appartient, et de ces explications dépendra mon vote.

Ou je me trompe fort, ou des dernières discussions il est résulté qu'il était temps d'apporter devant cette Chambre une loi sur l'expropriation forcée aux colonies. Il y a quatre ans, elle a déjà été apportée dans cette Chambre par le ministère de la marine.

Tout le monde sait que, pour la plupart, les colons, il faut bien le dire, sont dans une situation telle qu'ils ne sont pas véritablement propriétaires. Ils exercent cependant les droits politiques, ils nomment au conseil colonial, ils nomment des délégués coloniaux.

Mais ce n'est pas la seule considération qui agira sur la Chambre.

A la veille de subir cette grande transformation sociale qui se prépare, il est nécessaire que les colonies soient dans la situation la plus prospère possible. Quelle est la situation de ce pays? Il ne lui est pas possible de trouver à emprunter ce qui lui est nécessaire, ce qui est nécessaire aux colonies, parce que ceux qui seraient tentés de leur prêter de l'argent n'ont pas de gages. La loi sur l'expropriation a déjà été proposée par M. le ministre de la marine; je ne vois pas pourquoi elle ne le serait pas de nouveau cette année.

Une chose plus importante encore c'est la composition des cours d'assises : nous demandons à M. le ministre de vouloir bien apporter devant cette Chambre le projet de loi qu'il a porté à la Chambre des pairs. Pour moi, je le déclare, telle est l'urgence de cette mesure, que si je n'avais pas l'espérance que M. le ministre de la marine voulût l'apporter bientôt, quoi qu'il soit dans mes goûts de voir prendre l'initiative des bonnes choses par le gouvernement, et de lui porter force et autorité, je serais, à mon grand regret, forcé d'user de mon initiative pour soumettre ces questions à la Chambre. Alors M. le ministre de la marine verra et il aura à décider s'il aime mieux apporter lui-même ces mesures dans cette Chambre, ou les y voir apportées et soutenues par les amis du gouvernement.

M. le ministre de la marine. Messieurs, le gouvernement a toujours été dans l'intention d'apporter aux Chambres, dans le cours de cette session, la loi sur le régime de l'expropriation forcée aux colonies ; je puis ajouter que la loi et tous ses développements sont prêts, et que le gouvernement sera en mesure de présenter cette loi très prochainement aux Chambres.

Relativement au second objet qu'a traité l'honorable préopinant, j'ai à ajouter que la sollicitude du gouvernement est toujours très occupée de la situation des colonies, que le gouvernement veillera à la complète exécution de la loi de 1845 et à assurer aux colonies une bonne justice.

M. d'Haussonville. M. le ministre de la marine comprend qu'on ne peut pas laisser la magistrature coloniale sous le coup des paroles prononcées ici par M. Dupin, qui a une double autorité en cette matière.

Est-ce qu'il ne vaut pas mieux qu'une proposition à cet égard émane du gouvernement que de l'initiative d'un membre? car je croirai dans ma conscience devoir l'apporter dans cette Chambre. Je soumets de nouveau cette considération si sage, si propre à frapper tous les esprits en dehors de toutes les opinions politiques, qu'on soit partisan de l'émancipation de l'esclavage, soit qu'on n'en veuille jamais ou qu'on n'en veuille que dans un avenir lointain. Ne comprenez-vous pas qu'il faut qu'aux colonies, comme partout, il y ait une justice complète, et, on l'a dit dans cette Chambre, c'est M. Dupin qui l'a dit, la justice aujourd'hui aux colonies est incomplète. Pouvons-nous rester dans cet état ?

M. Ternaux-Compans. Je demande la permission d'ajouter un seul fait. Le lendemain de la grande discussion qui a eu lieu ici, treize arrêts de la magistrature coloniale ont été cassés d'un seul coup par la Cour de cassation en matière d'esclavage.

M. Jules de Lasteyrie. M. le ministre de la marine vient de vous dire qu'il s'arrangerait de façon à ce qu'il y ait une bonne justice dans les colonies.

Et comment y aura-t-il une bonne justice? comment M. le ministre pourra-t-il s'arranger de façon que les assesseurs condamnent, quand, depuis cinq ans, ils ne le font pas? Je lui demande comment il pourra dominer la volonté, la résolution prise par des assesseurs de toujours acquitter ; comment le fera-t-il? C'est impossible ; il lui est impossible de faire condamner par les cours d'assises les hommes reconnus coupables ; et cela est si vrai, que la magistrature coloniale a été obligée, en violation du principe des juridictions, de porter devant la police correctionnelle des hommes accusés de crimes, de meurtres, d'assassinats, et encore ceux dont le crime a été prouvé n'ont été condamnés qu'à quinze jours de prison !

Comment M. le ministre pourra-t-il changer un pareil état de choses? En avisant, comme il dit, en donnant des ordres, en indiquant des directions, que sais-je? C'est impossible, il ne pourra contraindre les assesseurs à abandonner leur détermination systématique de laisser impuni le crime du maître contre l'esclave; il faut une loi. Mon honorable ami, M. d'Haussonville, demande au gouvernement d'apporter cette loi, et de faire en sorte que, sur un territoire français, il n'y ait pas d'injustice flagrante, qu'il y ait sur le territoire français ce qui existe dans tout pays civilisé, c'est-à-dire la justice et la répression du crime. Je suis désolé, je dirai plus, je suis honteux de le dire, on ne veut pas réprimer le crime aux colonies.

M. le ministre de la marine. L'honorable préopinant a mal saisi ma réponse, et je crois ne pas la lui avoir adressée, ainsi qu'à M. le comte d'Haussonville, dans les termes où il l'a reproduite devant la Chambre.

Je n'ai pas dit que le gouvernement donnerait, pour les colonies, des ordres à tel et tel effet. J'ai dit que le gouvernement était vivement frappé de l'état des choses dans les colonies ; j'ai dit que le gouvernement aviserait à ce qu'une bonne justice fût rendue dans les colonies; et je crois qu'en m'exprimant de la sorte devant la Chambre, j'ai fait tout ce qu'il est possible au gouvernement d'annoncer en ce moment.

M. Paul de Gasparin. Je suis étonné de l'hésitation que manifeste la réponse de M. le ministre de la marine. M. le ministre de la marine dit qu'il avisera...

M. le ministre. Que le gouvernement avisera.

M. Paul de Gasparin. Je crois que le gouvernement doit déjà avoir avisé; car le gouvernement, par l'organe de M. le ministre de la marine, a déclaré lui-même, il y a déjà un an, qu'on ne pouvait pas compter, dans les colonies, sur le concours des assesseurs. En faisant cette déclaration, c'était exactement comme si le gouvernement avait déclaré qu'il n'y avait pas de justice dans les cours d'assises des colonies. C'est déjà trop d'avoir attendu un an pour réformer un tel état de choses. Je ne comprends pas comment le gouvernement peut prendre sur lui la responsabilité d'une telle absence de justice aux colonies, qu'il avoue lui-même.

Je ne comprends pas comment il a attendu un an, je ne comprends pas comment il peut attendre encore un jour de plus.

Je le répète à la Chambre, je ne puis pas me rendre compte, quant à moi, de la réponse évasive qui vient de lui être faite par M. le ministre de la marine.

M. Ternaux-Compans. M. le ministre de la marine a déjà pris plusieurs fois des engagements devant la chambre; mais, qu'il me permette de le lui dire, il passe sa vie à espérer et à regretter. M. le ministre de la marine espère qu'on exécutera ses ordres; et puis il vient nous dire qu'il regrette qu'on ne les ait pas exécutés.

Je citerai à cet égard un fait qui s'est passé, non pas dans les savanes de la Guyane, non pas dans les mornes de la Martinique, et qu'il serait bien difficile de vérifier, mais qui s'est passé ici dans cette Chambre.

L'année dernière, je montais à cette tribune pour révéler des faits tellement odieux que M. le ministre me pria, pour l'honneur de la France et pour l'honneur de la justice, de ne pas les faire connaître. Je crus devoir y consentir, et il me fit l'honneur de me remercier de ma modération. Je lui demandai seulement que les esclaves qui avaient été victimes de ces sévices fussent rachetés sur les fonds destinés au rachat des esclaves en général. M. le ministre de la marine en prit non-seulement l'engagement, mais il ajouta, ce que je ne lui demandais pas, que les auteurs de ces sévices seraient, en vertu du pouvoir discrétionnaire du gouverneur de la Martinique, expulsés de la colonie.

Eh bien! les auteurs des sévices n'ont pas été expulsés de la colonie; ils y sont encore. Un seul des esclaves a été racheté; les autres, au lieu d'être rachetés par le domaine, ont été vendus par lui, aux criées, sur la place de la Martinique!

J'ai cru devoir adresser à cet égard une observation à M. le ministre de la marine. Comme il m'avait remercié de ma modération, j'ai cru de mon devoir d'en donner une nouvelle preuve, et, au lieu de l'interpeller devant la Chambre, je lui ai adressé la question en particulier; il m'a répondu qu'il avait donné des ordres, mais que le procureur général n'avait pas voulu les exécuter.

Un membre à gauche. C'est comme en Afrique.

M. Ternaux-Compans. Je ne veux pas me servir d'une expression désagréable. Mais, je le demande, que veulent dire les engagements qu'on prend ici, quand on peut dire : « Nous avons donné des ordres, mais nous regrettons qu'on ne veuille pas les exécuter. »

M. le Président. M. le ministre de la marine a la parole.

M. le ministre de la marine. Messieurs, j'ai été très empressé, comme l'a rappelé l'honorable préopinant, de lui exprimer, il y a un an, mes remercîments pour la modération qu'il a portée dans une question qui était de nature à désoler tous les membres de cette Chambre.

Aujourd'hui, à mon grand regret, ce n'est pas l'expression du même sentiment que j'ai à adresser à l'honorable préopinant. Je suis loin d'accuser ses intentions; mais, dans ce qu'il vient d'indiquer à la Chambre, il y a plusieurs erreurs matérielles que je ne puis laisser subsister.

Ainsi, je n'ai jamais dit à l'honorable préopinant qu'un procureur général qui aurait reçu des ordres de moi, relativement à un objet sur lequel j'aurais eu le droit de lui donner un ordre, y ait désobéi. Ce que j'ai eu l'honneur de lui dire, et ce que je puis répéter à la Chambre est fort différent, et de nature, je crois, à satisfaire la Chambre jusqu'à un certain point.

J'ai dit à l'honorable préopinant que deux esclaves, et non pas un, avaient été rachetés sur les fonds de l'État. J'ai dit à l'honorable préopinant que, sur les deux frères coupables de l'horrible attentat qu'il a rappelé, il en existait encore un à la Martinique et non pas deux.

M. Ternaux-Compans. L'autre est mort. (On rit.)

M. le ministre. J'ai ajouté que la correspondance du procureur général faisait connaître au ministre que le survivant de ces deux hommes était tombé dans un tel état d'abjection, de ruine et de mépris aux yeux de la colonie entière, que l'administration locale n'avait pas cru devoir aller jusqu'à son bannissement de la colonie.

Voilà les détails que j'ai eu l'honneur de donner à l'honorable député; la Chambre aura, je crois, la bonté de reconnaître qu'ils diffèrent en quelques points de ceux que rappelait l'honorable préopinant.

M. Ternaux-Compans. M. le ministre fait observer qu'il n'a pas expulsé un des deux frères parce qu'il était mort; c'est une raison suffisante.

Il n'en est pas moins vrai qu'il s'est engagé devant la Chambre à ce que l'autre sieur Jaham serait expulsé, et qu'il a envoyé des ordres pour cela, mais que le procureur général n'a pas cru devoir l'expulser. Sa formule certainement est plus détournée que celle dont je me suis servi; mais enfin le ministre de la marine a envoyé un ordre, et le procureur général n'a pas exécuté cet ordre.

Puisque l'on veut absolument entrer dans les détails de cette affaire, examinons-la de plus près. Sur cinq esclaves, deux ont été rachetés; j'avais dit un, parce que l'un des deux était déjà libre. On a déjà dit, dans la grande discussion sur l'esclavage, à M. le ministre de la marine, que des fonds avaient été votés par la Chambre pour racheter des esclaves et non pas pour racheter des libres. On a racheté la mère et son jeune enfant; cet enfant se trouvait libre d'après l'art. 47 du Code noir. Je dirai, en outre, que pour le rachat de la mère on n'a pas procédé par la voie d'expropriation forcée; pour ménager les sentiments de délicatesse de l'assassin, on a racheté à l'amiable, au prix de 1,700 fr.; or, une femme de quarante ans, malade, exténuée, qui avait subi de telles violences que son maître avait été traduit en cour d'assises, ne pouvait pas valoir 1,700 fr., quand le prix moyen des esclaves, dans les colonies anglaises, était de 1,200 fr.; ainsi on a encore donné une gratification à l'assassin[1]. (Adhésion à gauche.)

M. le Président. Le gouvernement a demandé 24,000 fr. pour l'augmentation de la magistrature coloniale, la commission repousse cette augmentation.

Quelqu'un demande-t il encore la parole? (Non! non!)

Je consulte la Chambre sur le crédit de 24,000 fr. dont la commission a proposé le rejet et dont le gouvernement demande le maintien.

(Le crédit de 24,000 fr., mis aux voix, n'est pas adopté.)

Nous croyons devoir insérer ici une correspondance publiée par *la Réforme* sur les assertions de M. Jollivet, relative à la prétendue destitution dont aurait été frappé M. France, chef d'escadron de gendarmerie coloniale. (*Voyez* plus haut, page 99.)

(1) M. Ternaux-Compans fait ici une erreur involontaire. La moyenne de l'indemnité anglaise n'a été que de 645 fr. 40 c.

A M. le rédacteur en chef de la Réforme.

« Paris, le 10 mai 1847.

« Monsieur,

« Dans la séance du 26 avril à la Chambre des députés, M. Jollivet a cherché à détruire la portée d'un des faits cités par M. Ledru-Rollin, en se servant contre moi d'expressions inconvenantes ; je suis venu à Paris et j'ai écrit à M. Jollivet pour lui demander rectification des paroles qu'il avait prononcées à mon sujet.

« Voici la réponse que j'ai reçue de M. Jollivet, réponse *fermée avec le cachet du ministère de la marine et des colonies :*

« Paris, le 7 mai.

« Monsieur,

« J'étais à la campagne, et je n'ai reçu qu'hier soir votre « lettre du 4.

« Un journal, *la Presse*, m'attribuait à votre sujet un propos « grossier que je n'avais pas tenu. Je lui ai écrit spontanément, « dès le lendemain de la séance du 26, pour le désavouer ; elle a « inséré ma lettre dans son numéro du 30 avril ou du 1er mai.

« Quant aux discours que j'ai prononcés à la tribune, ils ont « été fidèlement reproduits par le *Moniteur*. Je n'ai aucune rec- « tification à y faire, car je n'ai rien dit qui ne m'ait paru et ne « me paraisse conforme à la vérité.

« Veuillez, Monsieur, recevoir l'assurance de mes sentiments « distingués.

Signé : A. JOLLIVET.

« M. Jollivet prétend ici qu'il n'a rien dit que de conforme à la vérité.

« Il ne me convient pas d'entrer en discussion avec un homme qui reçoit 25,000 fr. des colons pour soutenir l'esclavage.

« Je déclare donc simplement que ce qu'a dit M. Jollivet est faux et qu'il en a imposé à la Chambre en affirmant que j'avais été révoqué ou destitué.

« J'ose vous prier, Monsieur le rédacteur, de donner place à ma lettre dans vos colonnes, et d'agréer l'assurance de ma haute considération.

« Le chef d'escadron de gendarmerie coloniale en retraite,

« FRANCE. »

A M. le rédacteur en chef de la Réforme.

« Paris, le 11 mai 1847.

« Monsieur le rédacteur,

« Je lis, dans votre numéro de ce jour, une lettre dans la quelle M. France m'accuse d'en avoir imposé à la Chambre, lorsque j'ai dit qu'il avait été révoqué de ses fonctions de commandant de la gendarmerie de la Martinique.

« Je ne relèverai point des expressions inconvenantes, je me bornerai à répondre :

« Qu'une décision ministérielle du 11 juillet 1845, signée baron de Mackau, porte *que, dans l'intérêt du service, M. France devra quitter la colonie*.

« J'ai cru et je crois que c'était là une révocation polie, mais une révocation.

« J'ai d'autant plus raison de le croire, que peu de temps après son retour de la Martinique, M. le commandant France a été mis à la retraite.

« Je compte sur votre impartialité, monsieur le rédacteur, pour insérer ma réponse dans votre prochain numéro.

« Agréez, etc.

« A. JOLLIVET. »

Avant d'insérer la lettre précédente, dit *la Réforme* du 13 mai, nous l'avons communiquée à celui qu'elle intéressait; voici ce que nous écrit M. France :

« Paris, le 12 mai.

« Monsieur,

« La justification de M. Jollivet tourne à sa honte et prouve mieux que je ne saurais dire qu'il a bien réellement essayé de tromper la Chambre.

« Je gênais les colons; le zèle et l'humanité que je mettais à remplir mes devoirs troublaient l'exercice de leur pouvoir absolu et servaient à révéler les cruautés du régime disciplinaire.

« M. Mathieu, ce gouverneur qui va dîner avec les maîtres pour célébrer l'acquittement d'un géreur innocenté, comme les frères Jaham, par des juges possesseurs d'esclaves, M. Mathieu écrivit au département de la marine pour demander mon rappel, et comme M. de Mackau n'avait rien à refuser à M. Mathieu, il s'empressa de consentir aux vœux des colons. Dans la bouche de M. de Mackau, qui vient de tomber pour s'être fait le ministre de l'esclavage au lieu d'être le ministre des colonies, on comprend ce que veut dire *l'intérêt du service.*

« La vérité est que j'ai été rappelé des colonies seulement à cause du soin que je mettais à poursuivre les crimes de l'esclavage, comme M. Duquesne pour avoir dîné avec des gens de couleur, comme M. l'abbé Lamache pour avoir trouvé mauvais que l'on fermât aux nègres les écoles ouvertes pour eux, comme tant d'autres, enfin, dont tout le crime était leur dévouement à la cause des esclaves.

« Au surplus, M. Jollivet, qui à ses titres de député de Rennes et de délégué salarié des maîtres joint celui d'avocat du ministère de la guerre, sait mieux que personne qu'un officier auquel on donne un congé de six mois *avec solde entière*, comme il a été fait pour moi, afin de déguiser ma disgrâce, obtient là une faveur qui ne s'accorde qu'aux militaires les plus favorisés, tandis qu'au contraire un officier ne peut être destitué qu'en vertu d'un jugement et pour une action déloyale ou criminelle. Or, je défie délégué, colons, ministre ou directeur des colonies, d'articuler un fait, un seul fait à ma charge.

« Il est donc certain que M. Jollivet en a impudemment imposé à la Chambre lorsqu'il a osé dire que j'avais été *destitué.*

« J'ai l'honneur de vous renouveler, Monsieur, avec tous mes remercîments, l'assurance de ma haute considération.

« Le chef d'escadron de gendarmerie coloniale en retraite,

« FRANCE. »

Cette dernière lettre est restée sans réponse.

Imprimerie d'E. DUVERGER, rue de Verneuil, n. 4.

www.ingramcontent.com/pod-product-compliance
Ingram Content Group UK Ltd.
Pitfield, Milton Keynes, MK11 3LW, UK
UKHW012228240726
13966UKWH00003B/998